SÃO JOÃO BOSCO

O CRISTÃO BEM FORMADO

Tradução
Eduardo de Carvalho

ECCLESIAE

O cristão bem formado
São João Bosco
1ª edição — junho de 2010 — CEDET e Formatto
2ª edição — agosto de 2014 — CEDET
3ª edição — abril de 2020 — CEDET
4ª edição — setembro de 2024 — CEDET

Editor: Verônica van Wijk Rezende
Tradução: Eduardo de Carvalho
Preparação de texto: Maria Clara Carvalho Gomez
Diagramação: Maurício Amaral
Capa: Pedro Joabe
Leitura de provas: Núria Rampazo Giacopini, Mariana Souto Figueiredo
Conselho editorial: Adelice Godoy, César Kyn d'Ávila, Silvio Grimaldo de Camargo

FICHA CATALOGRÁFICA

Bosco, São João.
O cristão bem formado / São João Bosco; tradução de Eduardo de Carvalho — Campinas, SP: Ecclesiae, 2024, 4ª edição.

Título original: *Il giovane provveduto per la pratica de suoi doveri negli esercizi di cristiana pietà*. Tipografia Dell'Oratotio di S. Francesco di Sales, 1875.

ISBN: 978-85-8491-281-0

1. Vida e práticas cristãs 2. Cristianismo

I. Título II. Autor
CDD — 248.4 / 230

ÍNDICE PARA CATÁLOGO SISTEMÁTICO
1. Vida e práticas cristãs — 248.4
2. Cristianismo — 230

Os direitos desta edição pertencem ao
CEDET — Centro de Desenvolvimento Profissional e Tecnológico
Av. Comendador Aladino Selmi, 4630
Condomínio GR Campinas 2, módulo 8
CEP: 13069-096 — Vila San Martin, Campinas/SP
Telefone: (19) 3249-0580
e-mail: livros@cedet.com.br

SUMÁRIO

Quem não tem a Igreja por Mãe
não pode ter Deus por Pai.

— São Cipriano

INTRODUÇÃO

Dois são os artifícios que o demônio, principalmente, costuma usar para afastar o cristão do caminho da virtude.[1] O primeiro é fazer crer que, para servir Deus, é preciso levar uma vida melancólica, longe de todo divertimento e prazer. Mas não é assim, meu querido filho. Quero ensinar um plano de vida que o faça feliz e, ao mesmo tempo, conceda conhecer quais são os verdadeiros divertimentos e encantos, de tal forma que possa dizer como Davi: *Servi o Senhor com alegria* (cf. Sl 100, 2). Tal é precisamente a finalidade desta obra: ensinar a servir Deus e a viver sempre feliz.

Outro engano é a esperança de ter uma vida longa, convertendo-se quando estiver idoso ou na hora da morte. Muito cuidado, meu filho, porque muitos foram vítimas deste engano. Quem garante chegar a uma idade avançada? Seria preciso fazer um contrato com a morte; a vida e a

1 Originalmente esta obra foi dirigida especialmente aos jovens.

morte estão nas mãos de Deus, que delas dispõe como melhor lhe agrada.

Mesmo que Nosso Senhor lhe conceda uma vida longa, preste atenção neste aviso: "A estrada que o homem escolher na juventude, provavelmente será a mesma até a morte". Isso significa que se começar a viver bem na mocidade, decisivamente viverá nesse caminho e terá uma boa morte, que será o princípio de uma felicidade eterna. Pelo contrário, se desde o começo deixar-se dominar pelos vícios, possivelmente continuará assim em todas as etapas da vida e encontrará a eterna infelicidade. Para que tal desgraça não aconteça, proponho uma breve e fácil norma de vida, mas suficiente para você se tornar consolo para seus familiares, patriota honrado, bom cidadão na terra e mais tarde bem-aventurado habitante do céu.

Meu caro amigo, eu o amo de todo o coração. Provavelmente, encontrará autores com mais capacidade doutrinal e espiritual, mas dificilmente poderá encontrar algum que o ame mais em Jesus Cristo e lhe deseje toda a felicidade. Amo-o porque conserva em seu coração o tesouro da virtude; enquanto possuir este tesouro, terá tudo; mas, se o perder, se tornará o ser mais infeliz da face da terra.

O Senhor esteja sempre com você e faça com que, pela prática destas poucas normas, possa alcançar a salvação de sua alma e, consequentemente, aumentar a glória de Deus, único fim desta obra.

O céu lhe conceda longos anos de vida feliz e sempre a sua grande riqueza consista no santo temor de Deus, que há de encher de favores celestiais no tempo e na eternidade.

Dom Bosco

CAPÍTULO I

De que você necessita para ser virtuoso?

Conhecimento de Deus

Observa, querido filho, tudo que existe no céu e na terra. O sol, a lua, as estrelas, o ar, a água, o fogo... Antes nada disso existia. Nenhuma coisa pode dar existência a si mesma. Deus, com sua onipotência, as criou do nada, por isso, o chamamos de Criador.

Deus, que sempre existiu e que sempre existirá, depois de criar todas as coisas contidas no céu e na terra, criou o homem, a mais perfeita de todas as criaturas visíveis. Sendo assim, todo nosso ser: olhos, boca, língua, ouvidos, mãos e pés são dons de Nosso Senhor.

O homem se distingue de todas as outras criaturas, principalmente por possuir uma alma, que pensa, raciocina, deseja e reconhece a diferença entre o bem e o mal. Esta alma, por ser puro espírito, não pode morrer com o corpo; quando este morrer, começará outra vida que jamais terá fim. Caso tenha praticado o bem, será eternamente feliz com Deus no paraíso. Mas se escolheu o caminho do mal, será punido com o terrível castigo do inferno, onde padecerá o tormento do fogo para sempre.

Considere, contudo, meu filho, que todos nós fomos criados para o paraíso; Deus, que é Pai amoroso, condena ao inferno somente aqueles que o merecem pelos próprios pecados. Nosso Senhor nos ama e deseja muito que façamos boas obras, para assim nos tornarmos participantes daquela grande felicidade, que nos tem reservada no céu.

Deus tem particular amor à juventude

Persuadidos de que todos fomos criados para o céu, devemos dirigir todas as nossas ações para alcançar este grande fim. O prêmio que Deus promete é um ótimo estímulo, mas o que mais nos deve levar a amá-lo e servi-lo deve ser o seu grande amor por nós. Pois, por sermos obras de suas mãos, Ele possui um grande afeto e encontra suas *delícias entre os homens* (cf. Pr 8, 31).

Embora Deus ame todos os homens, consagra particularmente um afeto aos jovens, porque esses, ainda em idade de formação, não perderam a humildade e a inocência. Como prova dessa ternura, afirma que considera como feitos a si mesmo todos os benefícios feitos aos pequeninos e ameaça com castigos terríveis os que os escandalizam. *Caso alguém escandalize um destes pequeninos que creem em mim, melhor seria que lhe pendurassem ao pescoço uma pesada mó e fosse precipitado nas profundezas do mar* (cf. Mt 18, 6).

Gostava muito de que os meninos estivessem por perto: *Deixai as crianças e não as impeçais de vir a mim, pois delas é o Reino dos céus* (cf. Mt 19, 14).

Visto que Nosso Senhor o ama tanto, deve ser seu firme propósito corresponder-lhe generosamente, fazendo tudo o que lhe agrada e evitando tudo o que possa aborrecê-lo.

A salvação geralmente começa no tempo da juventude

Na entrada da outra vida, somente teremos duas portas: a do inferno, reservada para os maus, onde sofrerão todos os tormentos, e a do paraíso, preparada para os bons gozarem da felicidade eterna. O tempo da juventude é o período fundamental para começarmos a preparar o nosso caminho pautado nas virtudes ou nos vícios.

Observe, caro amigo: homens maduros entregues ao vício da bebida, do jogo e da blasfêmia, cuidado! Certamente tais vícios começaram na juventude. O Senhor declara feliz o homem que desde sua adolescência tenha buscado cumprir os mandamentos: *É bom para o homem suportar o jugo desde sua juventude* (cf. Lm 3, 27).

Essa verdade foi bem conhecida pelos santos, especialmente por Santa Rosa de Lima e por São Luís Gonzaga, os quais, tendo começado a servir fervorosamente Nosso Senhor desde a mais tenra idade, quando adultos, só encontravam prazer nas coisas de Deus, assim se tornando grande santos. O mesmo podemos dizer do jovem Tobias, que sempre foi obediente e submisso aos seus pais; quando esses morreram, continuou a viver virtuosamente.

Alguns podem dizer: "Se começarmos a servir a Deus muito cedo, no fim seremos pessoas tristes". Respondo que isso não é verdade; será triste quem serve ao demônio, pois, por mais que tenha prazeres, sempre terá o coração triste.

Quem mais afável e jovial que São Luís Gonzaga?

Mais alegre e bem-humorado do que São Felipe Néri e São Vicente de Paulo? Contudo, para eles a vida foi um contínuo exercício de todas as virtudes.

Coragem, meu caro filho; dedique um tempo à prática das virtudes e garanto que terá o coração sempre alegre, verá como é suave e agradável servir ao Senhor.

A primeira virtude é obedecer aos pais e superiores

Como uma planta, embora colocada em bom terreno, toma forma defeituosa e vai definhando, se não for cultivada, assim também, meu caro filho, você se inclinará fatalmente para o mal, se não se deixar guiar pelos que estão encarregados de sua educação. Essa formação cabe aos pais e a algumas pessoas preparadas, como professores e catequistas; a eles deve obedecer com docilidade. *Honra teu pai e tua mãe, para que se prolonguem os teus dias na terra* (cf. Ex 20, 12), diz o Senhor.

Esta honra consiste em obedecer, respeitar e prestar-lhes assistência. Quando mandarem fazer algo, prontamente obedeça, sem resistir; não seja como alguns que resmungam, encolhem os ombros, sacodem a cabeça e, pior ainda, respondem mal. Esses fazem grande injúria a seus pais e também a Deus, pois na ordem dos pais se manifesta a vontade de Deus. Nosso Salvador, mesmo onipotente, ensinou-nos a obedecer aos pais, diante da Santíssima Virgem e de São José *era-lhes submisso em tudo* (cf. Lc 2, 51). Para obedecer ao seu Pai celeste, se entregou à morte.

Você demonstrará grande respeito com seus pais, sempre solicitando seus conselhos, não demonstrando aborrecimento com a presença deles e nunca divulgando seus defeitos.

Finalmente, deve prestar aos seus genitores assistência nas necessidades, ajudando nas tarefas domésticas, dando-lhes apoio financeiro e, na medida do possível, auxiliando-os em tudo. Também é dever dos filhos rezar pelos pais, pedindo a Deus todas as graças espirituais e temporais.

Você também deve ser humilde, demonstrando respeito e obediência aos sacerdotes e superiores leigos, consciente de que os ensinamentos e correções são para seu próprio proveito; obedecendo aos superiores, estamos correspondendo a Jesus Cristo e a Nossa Senhora.

Recomendo duas coisas com maior empenho. A primeira é que sempre seja sincero com os superiores, nunca encobrindo suas faltas com falsidades, dizendo sempre a verdade com toda franqueza. A mentira, além de ofender Deus, o torna filho do demônio, *pai da mentira* (cf. Jo 8, 44). Em segundo lugar, aceite, com humildade, os conselhos e advertências dos superiores, como norma de vida. Assim, será feliz, seus dias serão frutuosos, todas as ações serão ordenadas e servirão de edificação aos outros. Termino dizendo: "O obediente se tornará santo; pelo contrário, aquele que é desobediente, encontrará o caminho da perdição".

Respeito à Igreja e aos sacerdotes

A obediência e o respeito devido aos superiores devem estar unidos ao respeito à Igreja. Como cristãos, devemos venerar tudo o que está relacionado com a Igreja, especialmente o templo, chamado de casa de oração e lugar santo. Tudo o que pedimos a Deus na igreja, diante do sacrário, alcançaremos. Ah! Meu caro filho, quanto você é agradável a Jesus Cristo e que belo exemplo quando está na igreja com devoção e recolhimento! Quando São Luís visitava a igreja, todos desejam vê-lo e ficavam admirados com sua simplicidade e com sua presença cheia de zelo.

Quando você entrar numa igreja, evite ficar circulando e conversando; faça o sinal da Cruz com a água benta, depois uma genuflexão com a devida reverência ao sacrário, escolha um lugar e, ajoelhado, adore e reze diante da Santíssima

Trindade. Evite, ao máximo, rir e conversar sem necessidade, pois o menor ruído pode atrapalhar os que estão rezando, além de ser desrespeitoso e um péssimo exemplo.

Recomendo o maior respeito aos sacerdotes e aos religiosos. Receba com carinho as recomendações que derem. Deus o livre de que você chegue a desprezá-los com atos ou palavras. Tendo alguns meninos escarnecido do profeta Eliseu, dando-lhe apelidos, o Senhor os castigou. *Então saíram do bosque duas ursas que despedaçaram quarenta e dois deles* (cf. 2Rs 2, 24). Quem não respeita os ministros sagrados deve temer um grande castigo de Nosso Senhor. Sempre que se referir a algum clérigo, imite o jovem Luís Comollo, que dizia: "Falar bem dos sacerdotes ou calar-se absolutamente".

Por último, quero adverti-lo de que não tenha vergonha de ser cristão fora da igreja. Sempre que passar diante de uma igreja, de uma imagem de Maria ou de algum santo, não deixe de mostrar veneração. Dando este belo exemplo ao próximo, Deus o encherá de bênçãos.

Leitura espiritual

Além das orações da manhã e da noite, aconselho que destine um tempo dedicado à meditação de algum livro espiritual ou de doutrina, como por exemplo: *Imitação de Cristo*, *Filoteia* de São Francisco de Sales, biografias de santos e outras obras semelhantes.[2] Essas leituras fornecerão grande proveito para a alma. E, passando esses conhecimentos a outros, você fará um grande apostolado, muito meritório perante Deus.

Ao mesmo tempo em que recomendo as boas leituras, aconselho que fuja dos livros perigosos.[3] Todo veículo, livro, jornal ou folheto que ataca a Igreja e seus filhos, que contenham imoralidades, são extremamente perigosos para a formação; afaste-se disso, como se fosse de um copo de veneno.

Devemos imitar os cristãos de Éfeso, quando ouviram São Paulo pregar sobre o dano que causam os maus livros. Aqueles fervorosos fiéis carregaram para a praça pública e fizeram uma fogueira, achando melhor queimar todos os livros, do que expor a alma ao perigo de cair no fogo do inferno.

Assim como o corpo, sem alimento, adoece e morre, da mesma forma a nossa alma definha, se não lhe dermos o alimento necessário.

2 Para uma formação católica sólida, é indispensável estudar a Sagrada Escritura, o Catecismo da Igreja Católica e os documentos lançados pelo Magistério da Igreja (cartas pastorais, encíclicas, instruções, etc.).

3 Para que não fiquem dúvidas se uma obra é boa ou prejudicial na formação, é muito importante a orientação de um diretor espiritual.

Recomendo que participe de cursos e palestras. Não deve pensar que a catequese e a Primeira Comunhão bastam; como o corpo se nutre todos os dias, a alma também necessita todos os dias da palavra de Deus.

Cuidado para não cair na armadilha do demônio, quando sugere este pensamento: "Isto serve para meu amigo, mas não para mim". Caso não sirva para corrigir coisas passadas, servirá para preservá-lo de algum erro futuro.

Sempre que possível, exercite as práticas de piedade diante do sacrário e busque o auxílio do pároco, que está especialmente destinado por Deus a cuidar de sua alma.

CAPÍTULO II

Meios de perseverança

Como lutar nas tentações

O demônio lança armadilhas para fazer você cair em pecado, tornando a alma sua escrava e inimiga de Deus. Deve, pois, vigiar atentamente para não cair em tentação.

Muito contribuirá se você evitar as ocasiões, as conversas fúteis e os espetáculos públicos, onde não há nada de bom e sempre são um perigo para a alma.[4] Procure estar sempre ocupado trabalhando, estudando, rezando e, quando tiver tempo, busque entretenimentos honestos; faça que o demônio nunca o encontre desocupado, como aconselha São Jerônimo.

Quando for tentado, não espere que a tentação se apodere de seu coração, rapidamente se livre

4 Espetáculos, como teatro, cinema e musicais podem ser divertidos, saudáveis e lícitos, desde que não contenham nada contra os princípios éticos, morais, cristãos e familiares.

dela pela oração ou com alguma ocupação lícita. Caso a tentação continuar, faça o sinal da Cruz, beije algum objeto bento e recorra à Virgem Santíssima: "Maria, Auxiliadora dos cristãos, rogai por mim". Também recomendo a intercessão de São Luís, pois esse santo foi proposto pela Igreja como padroeiro e modelo para a juventude. Para vencer as tentações, fugia de todas as ocasiões; jejuava frequentemente a pão e água; açoitava-se de tal forma que as roupas, paredes e o chão ficavam salpicados de sangue. Desse modo, São Luís obteve uma completa vitória sobre as tentações. Se você procurar imitá-lo, ao menos na mortificação dos sentidos, e pedir sua ajuda na oração, também obterá vitória.

Defesa contra algumas ciladas do maligno

A primeira armadilha que o demônio costuma usar é sugerir a ideia de que será impossível, durante toda a nossa vida, ficarmos afastados dos "prazeres", caminhando somente pela difícil vereda da virtude.

Quando o demônio sugerir esse pensamento, responda-lhe: "Quem me assegura que viverei longos anos? A minha vida está nas mãos de Deus e hoje pode ser meu último dia na terra. Mesmo que Nosso Senhor me conceda muitos anos, com certeza devo buscar a recompensa: a glória e a felicidade no céu".

Além disso, perceba que aqueles que vivem na graça de Deus estão sempre alegres, mesmo nos momentos de aflição. Pelo contrário, aqueles que buscam somente o prazer vivem mal-humorados, insatisfeitos e, por mais que se esforcem, não encontram a paz e a alegria. *Para os maus não há paz, diz o Senhor* (cf. Is 48, 22).

Alguns podem pensar que a preocupação com a eternidade e o inferno poderá levá-los à depressão e à loucura. Certamente que a ideia de uma eternidade infeliz e a imaginação do suplício que jamais acabará sejam tristes e assustadoras. Mas, se só o pensamento aterroriza, o que seria se fôssemos condenados de verdade? Melhor será, portanto, pensar agora, para no futuro estarmos prontos e não cairmos em tamanha desgraça.

Observe: enquanto a ideia do inferno é triste, enche-nos de consolação a esperança do paraíso, onde desfrutaremos de todos os bens. Por isso os santos, enquanto meditavam seriamente no juízo, viviam com grande alegria, com firme esperança de que a graça de Deus os preservaria, para um dia chegarem à posse dos bens infinitos, reservada aos que o servem.

Meu querido, ânimo! Comece a servir o Senhor e experimente como é doce e agradável; o

Senhor sempre encherá de consolação seu coração, no tempo e na eternidade.

Como conservar as virtudes

Toda virtude é preciosa perante Deus e perante os homens. Mas a virtude rainha, a virtude angélica, é a santa pureza, tesouro inestimável, que torna o homem semelhante aos anjos, embora vivendo ainda na terra. *Com efeito, na ressurreição, nem eles se casam e nem elas se dão em casamento, mas são todos como os anjos no céu* (cf. Mt 22, 30). Essa virtude é como o centro ao redor do qual se congregam e se conservam todos os bens e, se por desgraça viermos a perdê-la, todas as outras virtudes também se corromperão. *Com ela me vieram todos os bens, de suas mãos, riqueza incalculável* (cf. Sb 7, 11).

Mas essa virtude que tanto agrada Jesus e Maria é muito atacada pelo inimigo, que costuma usar de vários meios para a manchar e a destruir. Por esse motivo, indico algumas normas e armas espirituais, com as quais com certeza você alcançará a graça de a preservar e repelir o tentador.

A arma principal é o pudor. A pureza é um diamante de grande valor; se alguém expõe um tesouro perante a vista de ladrões, corre grande perigo de ser assaltado. São Gregório Magno declara que se alguém carrega em público uma riqueza, é sinal de que deseja ser roubado.

Junto com o pudor, é preciso frequentemente se confessar com extrema sinceridade, comungar sempre e evitar pessoas que, com atos ou palavras, demonstrem não apreciar a virtude da pureza.

Recorde o aviso do Senhor de que algumas tentações só podem ser vencidas com jejuns e orações. Jejum significa mortificações dos sentidos: refrear os olhares, a gula, fugir do ócio e consentir ao corpo somente o descanso estritamente necessário. Jesus Cristo recomenda a oração persistente, fervorosa e cheia de fé, até que a tentação se afaste.

As jaculatórias também são armas formidáveis; podemos dizer: "Meu Jesus, tem misericórdia de mim! Maria, concebida sem pecado, rogai por mim que recorro a vós! Maria, auxílio dos cristãos, rogai por mim! Doce Coração de Maria, sede a minha salvação!". É também muito eficaz beijar o crucifixo, alguma medalha benta ou o escapulário de Nossa Senhora.

Finalmente, podemos recorrer a uma arma invencível: a presença de Deus, que tudo observa. Será que teremos a ousadia de ofendê-lo diante de sua presença? O Patriarca José, quando era ainda escravo no Egito, sendo tentado a cometer um ato abominável, respondeu: *Como poderia eu realizar um tão grande mal e pecar contra Deus?* (cf. Gn 39, 9).

Você também, amigo, deve dizer: "Como poderei deixar-me induzir a cometer este pecado na presença de Deus, meu Criador e Salvador, este que pode precipitar-me no inferno?".

Creio ser impossível se deixar vencer pelas tentações sempre que pensar na presença de Deus.

Devoção a Maria Santíssima

Um grande sustentáculo é a devoção a Maria Santíssima. Tenha a mais íntima convicção de que obterá todas as graças desta boa Mãe, contanto que seus pedidos contenham retidão. Deve pedir com insistência particular três favores que são necessários.

O primeiro é de não cometer nenhum pecado mortal. Entende o que significa pecado mortal? Renunciar ser filho de Deus, para tornar escravo de Satanás: perder todos os merecimentos adquiridos para a vida eterna, ficar pendurado na boca do poço do inferno, ofender a Bondade Divina. Todas as graças recebidas seriam inúteis se cair no pecado mortal. Peça a Maria sempre a graça de não cair em pecado mortal, de manhã e de noite, em todas as práticas de piedade que fizer.

O segundo favor é a conservação da virtude da pureza; quem a conserva é semelhante aos anjos do céu; o Anjo da Guarda o considera como um irmão e se alegra de estar sempre em sua companhia.

Para preservar essa bela virtude, aconselho que evite a companhia do sexo oposto em ambientes perigosos, como, por exemplo, só os dois em uma casa. Tenha muito respeito nas conversas. A guarda dos sentidos contribui muito para a conservação dessa bela virtude; portanto, evite o excesso na comida e na bebida, muito cuidado na escolha dos programas de divertimento que, atualmente em sua grande maioria, são a ruína dos bons costumes.

Guarde principalmente os olhos, que são as janelas pelas quais o pecado entra no coração e o demônio vem tomar posse de nossa alma. Nunca se detenha em olhar para algo que seja contrário ao pudor.

Certa vez, perguntaram a um jovem por que era tão recatado no olhar, este respondeu: "Tomei a resolução de nunca fitar uma mulher com intenções dúbias, para assim poder sempre contemplar o rosto puríssimo de Maria Santíssima".

A terceira graça que você deve implorar da Virgem Imaculada é a de ficar sempre afastado da companhia de pessoas que possuem um péssimo linguajar, mesmo que sejam da própria família. Posso garantir que é mais prejudicial a companhia de um desses, que a do próprio demônio. Fugindo dessas companhias, você será feliz e trilhará o caminho que conduz ao paraíso.

Por isso, quando algum amigo proferir blasfêmias, desprezar as práticas religiosas e dizer palavras que vão contra a virtude da pureza, fuja como se fosse da peste. Fique certo de que quanto mais puros forem os olhares e as conversas, tanto mais Maria intercederá por você, junto de seu Filho e nosso Redentor.

Com certeza, você alcançará de Nossa Senhora esses favores, se sempre for devoto sincero, proferindo-lhe jaculatórias e rezando todos os dias o Rosário.

Conselhos para aquele que participa de alguma associação

Caso esteja participando ou pertença a alguma congregação, movimento ou associação, leiga ou religiosa, procure frequentar continuamente e observe suas normas com exatidão. Tenha grande respeito pelos diretores, comunicando-lhes quando tiver que se ausentar. Na capela, diante do Santíssimo, esteja sempre comedido e em silêncio, rezando ou lendo algum livro espiritual, até que se comecem as meditações.

É muito importante que os mais experientes edifiquem e ajudem na formação dos mais novos. Lembre-se de que o testemunho é o principal meio de apostolado, por isso, evite apelidos pejorativos e seja sempre verdadeiro, pois, caso deslize em alguma mentira, além de ofender Deus, terá prestado péssimo serviço perante os amigos e superiores. Recomendo que tenha filial confiança no diretor espiritual, sempre recorrendo a ele quando tiver alguma dúvida. Por fim, acolha com humildade as tarefas indicadas.

A vocação

Nos seus eternos desígnios, Deus marcou cada um de nós com uma determinada condição de vida e nos nutre com as graças para corresponder. Como em todas as realidades, também nessa, que é de capital importância, deve o cristão procurar conhecer a vontade divina, imitando Jesus Cristo, que proclamava: *Meu alimento é fazer a vontade daquele que me enviou e consumar sua obra* (cf. Jo 4, 34).

Algumas almas foram favorecidas por Deus, de modo extraordinário, para que soubessem claramente a vocação que lhes eram destinadas. Você, caro amigo, não precisa pretender tanto; fique consolado com a segurança de que Deus o guiará pelo reto caminho, desde que não se afaste dos meios oportunos para tomar essa decisão.

Um desses meios é se conservar puro durante a infância e a juventude ou desagravar com sincera penitência os pecados cometidos.

Outro meio é a oração humilde e perseverante. Podemos dizer: "Senhor, que quereis que eu faça? Ensinai-me a fazer a vossa vontade, porque vós sois o meu Deus".

Quando chegar o momento de acolher a sua vocação, suplique ao Senhor com orações, novenas, abstinências, peregrinações e ofereça a Santa Missa para essa finalidade. Recorra a Nossa Senhora, que é Mãe do Bom Conselho; a São José, que sempre foi fidelíssimo às ordens divinas; ao Anjo da Guarda e aos seus santos padroeiros. Sendo possível, diante de tamanha decisão, é frutuoso recorrer a um retiro espiritual.

Acontecendo que pais ou responsáveis queiram persuadi-lo de mudar o caminho traçado por Deus, lembre-se então de que é o caso de pôr em prática o conselho do Evangelho, isto é, obediência a Deus acima da obediência aos homens, não esquecendo o respeito e a honra que lhes deve. Consulte o diretor espiritual, dizendo com toda clareza os detalhes e suas disposições.

Quando São Francisco de Sales manifestou perante seus familiares que Deus o chamava ao sacerdócio, os pais lhe disseram que, na qualidade de primogênito, deveria ser o apoio e sustentáculo para a família; que a inclinação ao estado eclesiástico era passageira e que poderia ser santo vivendo no mundo; e até, para tentar dissuadi-lo de suas intenções, propuseram-lhe um casamento muito vantajoso. Mas nada pôde removê-lo do propósito. Colocou constantemente a vontade de Deus acima da pretensão de seus pais, aos quais respeitava e amava com muita ternura; preferiu renunciar todas as vantagens temporais a faltar com a graça de sua vocação. E os pais, que eram piedosos, mais tarde, reconheceram a escolha certa do filho e ficaram orgulhosos.

Fugir do ócio

A principal arma que o demônio utiliza é o ócio, origem de todos os vícios. Perceba que o homem nasceu para trabalhar e, quando evita o labor, está fora de seu centro e ofende a Deus. A ocupação nobre combate e vence a inércia. O que mais atormenta os condenados no inferno é saber que ficaram no ócio, enquanto Deus lhes fornecia o trabalho para que se salvassem. Pelo contrário, é grande satisfação dos bem-aventurados do céu saber que todo tempo empregado na glória de Deus proporcionou-lhes a felicidade eterna.

Isso não significa que você deve ficar ocupado o dia inteiro sem nenhum descanso. Eu lhe quero muito bem e concedo de bom grado um tempo para o lazer. Todavia, não posso deixar de recomendar que busque atividades que, mesmo sendo para recreação, sejam de utilidade para a formação. Como por exemplo: bons livros, jogos e entretenimentos lícitos. Lembre-se de que fraudes, trapaças, alcunhas e palavras obscenas causam discórdias e podem ofender os amigos, além de serem um contratestemunho cristão.

Mesmo nessas ocupações, não deixe de elevar o pensamento a Deus, também oferecendo esses momentos para sua honra e glória. Certa vez, São Luís, enquanto se entretinha alegremente com os amigos, foi indagado no que faria se naquele momento aparecesse um anjo avisando que, em quinze minutos, Deus o chamaria ao juízo. Prontamente respondeu que continuaria sua ocupação, porque estava certo de que aquelas atividades agradavam Deus.

Cuidado com certas amizades

Há três espécies de companheiros: os bons, os maus e os que estão no meio termo. Com os bons podemos nos relacionar, que será muito frutuoso; com os medíocres, somente quando houver necessidade, mas sem contrair familiaridade; quanto aos maus, devemos evitar sempre.

Quem são esses terríveis maus companheiros? Todos que não se envergonham de ter conversas obscenas, murmuradores, mentirosos, blasfemadores; os que têm vida escandalosa e aconselham a desobedecer aos pais, a roubar, a transgredir os deveres. Todos esses são péssimos companheiros e ministros de Satanás, dos quais você deve fugir mais do que da peste e do demônio.

Quem andar com o virtuoso, será também virtuoso. Estando com os bons, eu garanto que alcançará o paraíso. Pelo contrário, permanecendo com os perversos, sua alma corre grande perigo.

Alguém poderá dizer: "São tantos os maus, que seria preciso sair deste mundo para poder evitá-los". É verdade que são numerosos e, é justamente por isso que o risco é grande. Lembre-se de que sempre terá a companhia de Jesus Cristo, da Bem-aventurada Virgem Maria e do Santo Anjo da Guarda. Existirão companheiros melhores que esses?

É possível encontrar bons amigos; juntos poderão frequentar os Sacramentos da Confissão e da Eucaristia; amigos que com palavras e exemplos estimularão o cumprimento dos deveres sociais e religiosos.

Desde que Davi, quando jovem, conheceu Jônatas, tornaram-se grandes amigos com proveito recíproco, porque um animava o outro nas práticas das virtudes.

Evitar conversas fúteis

Muitos estão no inferno por terem escutado conversas frívolas! Essa verdade já preocupava São Paulo, quando dizia que as coisas inconvenientes não devem ser comentadas entre cristãos. *As más companhias corrompem os bons costumes* (cf. 1Cor 15, 33). As conversas são como alimentos: por muito bom que seja o prato, é suficiente que contenha uma só gota de veneno para matar. O mesmo acontece com conversas obscenas. Uma palavra, um gesto, uma anedota basta para propagar a malícia e o vício.

Às vezes poderá estar em um local que não é possível evitar, então, como fugir de conversas desse tipo? Caso haja possibilidade de diálogo, corrija com carinho e firmeza; do contrário ignore a conversa não participando nem com sorrisos ou palavras e no coração desagrave a Deus com alguma jaculatória.

Pode acontecer que alguém escarneça e ria, mas não se preocupe, tempo virá em que o riso e o sarcasmo dos malvados se transformarão em pranto, o desprezo dos bons costumes se converterá na mais consoladora alegria no céu. *Em verdade, em verdade, vos digo: chorareis e vos lamentareis, mas o mundo se alegrará. Vós vos entristeceis, mas vossa tristeza se transformará em alegria* (cf. Jo 16, 20). Perceba que, permanecendo fiel a Deus, com o tempo esses mesmos que detratam serão obrigados a prezar a sua virtude.

Onde se encontrava São Luís Gonzaga, ninguém se atrevia a proferir palavras indecentes e, quando se aproximava, diziam logo: "Silêncio! Aí vem Luís".

Evitar escândalos

A palavra "escândalo" significa tropeço. Denomina-se escandaloso aquele que, com palavras ou obras, oferece ocasião a outros de ofender Deus. O escândalo é um enorme pecado, porque rouba de Deus as almas que foram criadas para o céu e resgatadas pelo sangue precioso de Jesus Cristo. O escandaloso é um verdadeiro agente do maligno. Quando o demônio com seus artifícios não consegue se apoderar de sua presa, costuma se servir dos escandalosos.

O que devemos dizer dos que ensinam malícias aos inocentes? O Senhor, tendo tomado pela mão uma criança, disse: *Se alguém escandalizar um destes pequeninos que creem, melhor seria que lhe prendessem ao pescoço a mó que os jumentos movem e o atirassem ao mar* (cf. Mc 9, 42).

Uma menina, ao ouvir uma conversa escandalosa, disse a quem falava: "Foge daqui, demônio maldito". Se você, meu caro, quer ser verdadeiro amigo de Jesus e Maria, deve não somente fugir dos escândalos, mas se empenhar em reparar com o bom exemplo o grande mal que esses fazem às almas. Por isso suas conversas sejam boas e modestas; seja devoto na igreja, obediente e respeitoso com os superiores. Como diz Santo Agostinho: "O que alcança a salvação de uma alma, também pode esperar a salvação de sua alma".

Cuidado com as leituras

Nunca leia obras de cuja seriedade não esteja seguro, peça antes conselho a quem pode discernir com critério justo. Caso possua livros perniciosos, o melhor é destruí-los.

Quando falamos de livros contra os bons costumes, entenda obras que vão contra a moral, a religião e as práticas de piedade e que atacam a Igreja e seus ministros. Porque não só os costumes, mas principalmente a fé deve se conservar pura e imaculada; aquela fé sem a qual, como diz São Paulo, não podemos agradar a Deus; aquela fé pela qual milhares de mártires derramaram o próprio sangue.

Mesmo que os livros dessa espécie sejam atraentes e estejam em voga, devemos evitá-los. Por acaso você beberia com prazer um licor se soubesse que está envenenado, só porque foi oferecido em um cálice de ouro?

Ainda mais que nós, católicos, não precisamos recorrer a tais livros, pois possuímos uma vasta e riquíssima literatura que pode perfeitamente entreter e instruir.

Evitar espetáculos imorais

Frederico Ozanam, fundador das Conferências de São Vicente de Paulo e professor da Universidade da Sorbonne, em Paris, gloriava-se na presença do célebre Ampère de nunca ter pisado num teatro público.

Os Doutores da Igreja foram sempre unânimes em condenar as cenas teatrais. As razões para isso são a moral distorcida que apresentam e a apologia a todo tipo de vício.

É claro que excetuo as representações e filmes de caráter honesto, que podem divertir, sem nenhum perigo para os bons costumes e a fé; infelizmente, tais exibições são raras, ao passo que em grande escala se exibem espetáculos dúbios, onde a moral e a religião são desvirtuadas.

CAPÍTULO III

Semana meditada

Oração inicial para todos os dias da semana

"Meu Deus, arrependo-me de todo o coração de vos ter ofendido; concedei-me a graça de compreender bem as verdades que vou meditar e abrasai-me no vosso amor. Santíssima Virgem Maria, Mãe de Jesus, meu Anjo da Guarda e todos os santos do céu, rogai por mim".

Domingo: o fim do homem

I. Considere, meu filho, que este corpo e esta sua alma lhe foram dados por Deus, sem nenhum merecimento de sua parte, quando o criou à sua imagem. Ele o fez seu filho no Batismo, amou e o ama ainda com ternura de pai, criou você para um único fim: para que o ame e o sirva nesta vida e possa assim ser um dia eternamente feliz no céu com Ele.

Não está no mundo somente para a satisfação, nem para enriquecer, nem para apenas se alimentar e descansar, como os animais. O seu fim é muitíssimo mais elevado; sua finalidade é amar e servir, assim salvando sua alma. Procedendo dessa maneira, encontrará muita consolação na hora da morte. Mas, se não buscar servir Deus, enorme remorso terá no fim da vida. As riquezas e os prazeres que buscou com tanto afinco somente servirão de amargura, e então conhecerá a enfermidade que isso causou para sua alma.

Meu filho, não deseje de modo algum pertencer ao número daqueles que pensam somente em satisfazer o corpo com atos, conversas e divertimentos ilícitos. Um secretário do rei da Inglaterra expirava dizendo: "Ai de mim! Gastei tanto papel escrevendo as cartas de minha majestade e nunca escrevi em uma folha sequer meus pecados para fazer uma boa Confissão".

II. Torna-se ainda maior aos seus olhos a importância deste caminho se você considera que dele depende sua salvação ou perdição. Não imite aqueles infelizes que se iludem dizendo: "Cometo este pecado, mas depois me confessarei".[5] Não

5 São necessárias cinco condições para receber dignamente o sacramento da Confissão: exame sincero de consciência, contrição pelos pecados cometidos, firme de propósito de não pecar mais, confissão dos pecados diante de um sacerdote e cumprir a penitência imposta. Faltando qualquer uma dessas condições, a confissão poderá ser nula, indigna ou sacrílega.

se engane a si mesmo, Deus amaldiçoa quem usa desse expediente. Lembre-se de que todos os que estão no inferno tinham esperança de se corrigir mais tarde, no entanto se perderam eternamente. Quem sabe quanto tempo poderá viver em pecado antes que o Senhor o chame ao julgamento? Afaste a ideia de corresponder ao chamado de Deus mais tarde. Neste exato momento, repudie e abandone qualquer pecado, que é o maior de todos os males e que o priva dos bens espirituais.

III. Indico ainda uma terrível armadilha do demônio, que é deixar que você aprenda a doutrina cristã e depois não a pratique. Ou seja, saber que foi criado por Deus para o amar e o servir e, mesmo assim, através de obras buscar somente a ruína. Quantas pessoas vemos que se preocupam com tudo, exceto com a salvação da própria alma?

Por isso, você que é cristão, medite bem para que não se deixe enganar. Prometa a Deus que tudo o que fizer, falar e pensar será para a salvação de sua alma. São Luís podia ter prazeres, riquezas e honras, mas renunciou tudo, dizendo: "De que me serve tudo isso para minha eternidade?". Também considere da mesma forma: "Tenho uma alma, se a perco, perco tudo". *De fato, que aproveitará ao homem ganhar o mundo inteiro mas arruinar sua vida*? (cf. Mt 16, 26). De que serve vir a ser um grande homem, milionário, famoso e intelectual, se depois vier a perder a alma? De nada adiantaria toda a sabedoria de Salomão.

Sendo assim, pense: "Fui criado por Deus para um dia estar junto d'Ele, e a todo custo farei o possível para concretizá-lo. Quero que o único fim de minhas ações seja para amar Deus e salvar minha alma. Trata-se de ser para sempre feliz ou infeliz. Posso perder tudo, desde que me salve".

"Meu Deus, concedei-me o perdão dos meus pecados e fazei que não caia jamais na desgraça de ofender-vos. Ajudai-me com a vossa santa graça para que possa firmemente amar-vos e servir sempre. Maria, minha esperança, intercedei por mim".

Segunda-feira: o pecado mortal

I. Meu filho, quando se comete um pecado mortal, damos as costas para Aquele que nos criou e nos cumulou de bens, desprezamos sua graça e sua amizade. Quem peca diz ao Senhor: "Apartai-vos para longe de mim, não quero obedecer e servir, não o reconheço como meu Senhor. O meu Deus é o prazer, é a vingança, é o ódio, as conversas obscenas". Pode imaginar ingratidão maior que essa? Entretanto, você faz tudo isso quando ofende Deus.

II. Maior ainda se torna essa ingratidão, quando se serve dos bens que Deus lhe concedeu — ouvidos, olhos, boca, língua, mãos, pés e inteligência — para ofendê-lo. Ouça o que diz o Senhor: "Filho, eu te criei do nada, forneci tudo o que possuis, conferi a graça de conheceres a verdadeira religião e receberes o Santo Batismo. Podia te deixar morrer quando estava no pecado, mas concedi mais um tempo para que não fosses condenado ao inferno; e tu, esquecendo todos esses benefícios, os utilizas para me ofender". Quem não se sentirá tomado de profundo pesar por ter feito tamanha injúria?

III. Considere ainda que Deus, embora seja bom e infinitamente misericordioso, fica indignado com as ofensas. Por isso, quanto mais tempo viver no pecado, tanto mais provocará a justiça de Deus, acarretando sua condenação. Não que isso aconteça por faltar a misericórdia divina, mas é que lhe faltará o tempo para pedir perdão, pois não merece a indulgência de Deus quem dela abusa para o insultar. Muitos viveram no pecado, pensando em pedir perdão somente no final da vida, entretanto a morte veio sem aviso, precipitando todos no inferno.

Depois de tantos pecados perdoados, agradeça Deus pelo tempo concedido e diga com firme resolução: "Basta, meu Deus! O tempo de vida que me resta, não quero desperdiçar em ofendê-lo; desejo amá-lo e desagravar meus pecados com todo o meu coração".

"Meu Jesus, quero vos amar; concedei-me a força. Virgem Santíssima, Mãe do meu Senhor, ajudai-me, amém".

Terça-feira: a morte

1. A morte é a separação da alma do corpo. Considere, portanto, meu filho, que a sua alma deverá se separar do corpo; mas você não sabe quando se dará essa separação. Não sabe se a morte o assaltará na cama, durante o trabalho, na rua ou em outra parte. A ruptura de uma veia, uma hemorragia, uma febre, uma úlcera, uma queda, um terremoto, um raio bastam para tirar-lhe a vida. Isso pode acontecer daqui a um ano, daqui a um mês, daqui a uma semana, daqui uma hora e, talvez, ao terminar a leitura dessa consideração. Quantos se deitaram à noite cheios de saúde e pela manhã foram encontrados mortos! Quantos acometidos de algum ataque morreram de repente! E depois para onde foram? Se estavam na graça de Deus, felizes deles! Se, pelo contrário, achavam-se em pecado mortal, estão con-

denados para sempre. Diga-me, filho, se tivesse que morrer neste instante, que seria de sua alma? Ai de você, se não se mantém sempre preparado! Quem não está pronto para bem morrer, corre grande perigo de morrer mal.

II. Embora seja incerto o lugar e a hora de sua morte, porém é muito certo que ela virá. Desejo que a última hora de sua vida não venha repentinamente ou de modo violento e, sim, aos poucos, para que você possa se preparar. Há de chegar um dia em que, estendido numa cama, estará prestes a passar para a eternidade, assistido por um sacerdote que encomendará sua alma, tendo um crucifixo ao lado, uma vela acesa do outro e ao redor os parentes que choram. Terá a cabeça dolorida, os olhos embaçados, a língua ressequida, a garganta presa, a respiração ofegante, o sangue a arrefecer, o corpo exausto e o coração oprimido. E, assim que a alma expirar, o seu corpo vestido de poucos andrajos será lançado e apodrecerá em uma sepultura. Ratos e vermes consumirão sua carne e de você restarão apenas alguns ossos descarnados e um pouco de pó repugnante. Abra um sepulcro e veja a que ficou reduzido aquele jovem rico, aquele ambicioso ou aquele soberbo. Medite com atenção essas linhas, meu filho, lembre-se de que elas se aplicam também a você, igualmente como a todos os demais homens. Agora o demônio, para induzi-lo a pecar, procura arrancá-lo desse pensamento e levá-lo a excusar as culpas, dizendo-lhe que aquele prazer, que aquela desobediência, que aquela omissão na Missa não podem lhe trazer grandes males. Mas na hora da morte descobrirá a gravidade desses e de outros pecados postos diante de você. Então o que poderá fazer no momento do julgamento eterno? Ai de quem se achar fora da graça de Deus nesse instante!

III. Considere que do instante da morte depende a sua salvação ou perdição eterna. Nas proximidades da morte quantas coisas se hão de lembrar!

Duas vezes temos diante de nós uma vela acesa: quando somos batizados e na hora da morte; na primeira vez, para conhecer os preceitos da lei divina que devemos guardar; na segunda, para que vejamos se os cumprimos. Por isso, meu filho, perante a luz dessa vela verá se amou Deus ou se o desprezou; se honrou o seu santo nome ou se blasfemou; lembrará dos dias santos profanados, das omissões na assistência das Missas, das desobediências aos superiores, dos maus exemplos dados aos companheiros; conhecerá toda soberba e todo orgulho que o lisonjeava; oh! meu Deus! Tudo verá naquele momento, no qual se abrirá diante de você o caminho da eternidade. Oh! grande e terrível momento, do qual depende uma eternidade de glória ou de tormentos! Compreende bem o que lhe digo? Quero dizer que naquele momento será a decisão de ir para o céu ou para o inferno; ser para sempre feliz ou para sempre infeliz; para sempre filho de Deus ou para sempre escravo do demônio; para sempre gozar com os anjos e com os santos ou gemer e arder para sempre com os condenados no inferno!

Tema grandemente pela sua alma e pense que do viver bem depende uma boa morte e uma eternidade de glória. Por isso, não defira por mais tempo e se prepare desde já para fazer uma boa Confissão e dispor bem as coisas da sua consciência, prometendo a Nosso Senhor perdoar aos seus inimigos, reparar os escândalos dados, santificar os dias de guarda, cumprir os deveres do seu estado.

E agora, coloque-se na presença de Deus e abra o coração: "Meu Deus, desde este momento eu me converto a vós; amo-vos e quero vos servir até a morte. Virgem Santíssima, minha Mãe, ajudai-me naquele terrível momento. Jesus, José e Maria, expire em paz entre vós a minha alma".

Quarta-feira: o juízo

1. O juízo é a sentença que o Salvador haverá de pronunciar no fim da nossa vida, sentença com a

qual fixará o destino de cada um por toda a eternidade. Assim que morrer, a alma comparecerá perante o supremo Juiz.

A primeira coisa que torna esse comparecimento terrível à alma do pecador é que a alma se encontrará sozinha na presença de Deus, que foi desprezado e que conhece todos os segredos do nosso coração. O que levaremos conosco? Levaremos o bem ou o mal que tivermos feito durante a vida. Não poderemos inventar ou usar pretexto nenhum. Santo Agostinho, comentando este comparecimento, diz: "Quando tu, ó homem, compareceres diante do Criador para seres julgado, terás sobre tua cabeça um juiz indignado; de um lado, os pecados que te acusam; de outro, os demônios prontos a executar a condenação; dentro de ti uma consciência que te agita e te atormenta; debaixo de ti um inferno aberto, pronto a tragar-te".

Em tais apertos, para onde você irá, para onde fugirá? Feliz de você, meu filho, se tiver feito o bem durante a vida, pois o divino Juiz abrirá os livros da consciência e começará o exame.

II. Então dirá o Juiz inapelável: "Quem é você?". — "Sou um cristão", você responderá. — "Bem", replicará ele, "então, vamos ver se comportou-se como um cristão". Em seguida começará a recordar as promessas feitas no

Santo Batismo, pelas quais renunciou o demônio, o mundo, a carne; lembrará as graças que Ele lhe concedeu, as muitas vezes que recebeu os sacramentos, as pregações, as instruções, os avisos dos confessores e as correções dos pais: tudo será posto diante de você. — Dirá então o divino Juiz: "Apesar de tantos dons, de tantas graças, oh! Quão mal você correspondeu à sua profissão de cristão! Mal chegando à idade em que apenas começava a me conhecer, começou a me ofender com mentiras, com falta de respeito na igreja, com desobediências a seus pais e com muitas outras transgressões dos deveres. Ainda se com o correr dos anos tivesse melhorado o procedimento, mas não: juntamente com o passar dos anos, aumentou em você, infelizmente, também o desprezo à minha lei. Missas perdidas, profanação dos dias santos, blasfêmias, jejuns não observados, confissões mal feitas, comunhões sacrílegas e escândalos: eis o que fez em vez de me servir".

O Senhor cheio de indignação continua: "Vê aquela alma que caminha pela estrada do pecado? Foi você, com as suas conversas imorais, que lhe ensinou a malícia. Como cristão, deveria ter instruído com bons exemplos o caminho do céu aos amigos. Pelo contrário, traindo o meu sangue, lhe ensinou o caminho da perdição. Vê aquela outra alma no inferno? Foi você com seus pérfidos conselhos que a encaminhou para o demônio. Foi você a causa da sua eterna condenação. Agora pagará com a sua alma, por ter deixado aquela outra alma se perder por causa de seus escândalos".

Que lhe parece, meu filho, esse exame? Que lhe diz a consciência? Existe ainda tempo, se você quiser: peça a Deus perdão dos pecados e faça um sincero propósito de não tornar a pecar. Comece desde hoje uma vida de bom cristão, preparando-se assim um tesouro de boas obras para o dia em que tiver que comparecer perante o tribunal de Jesus Cristo.

III. Perante as rigorosas contas que o Juiz supremo exige do pecador, caso esse tente aduzir alguma excusa ou pretexto, dizendo que não sabia que deveria ser submetido a um exame tão rigoroso, receberá essa resposta: "Não ouviu aquele sermão e aquela explicação do catecismo, onde ensinava que um dia haveria de prestar conta de tudo?". O infeliz então se encomendará à misericórdia divina; mas a indulgência não serve mais para ele, porque não merece compaixão quem por tanto tempo dela abusou, e porque na morte também termina o tempo da misericórdia.

Então o pecador, não encontrando mais nenhum refúgio, gritará às montanhas e aos rochedos que o cubram e esses não se moverão. Então verá o inferno se abrir.

Esse é o momento em que o inexorável Juiz proferirá a sentença: Para longe de mim, filho infiel. Vai para o fogo eterno a gemer e sofrer com os demônios por toda a eternidade.

Aquela alma infiel, antes de se afastar para sempre de Deus, volverá pela última vez o olhar ao céu e no auge da desolação dirá: "Adeus, pai, mãe, irmãos, irmãs e amigos que habitam o reino da glória; vós sereis felizes para sempre e eu serei para sempre atormentado. Adeus, meu anjo da guarda, anjos e todos santos do paraíso: nunca os verei. Adeus, ó Salvador; adeus, ó cruz santa; adeus, ó sangue em vão por mim derramado. A partir deste momento, não sou mais filho de Deus; serei para sempre escravo dos demônios no inferno". — Então os demônios o conduzirão ao abismo de torturas, infelicidade e tormentos eternos.

Meu filho, não tema que tal sentença seja também a sua? Ah! Por amor de Jesus e de Maria Santíssima, prepare com boas obras uma sentença favorável e lembre-se de como é terrível a sentença proferida contra o pecador; igualmente consolador será o convite que há de dirigir Jesus a quem viveu como cristão: *Muito bem, servo bom e fiel! Sobre o pouco foste fiel, sobre o mui-*

to te colocarei. Vem alegrar-te com teu Senhor! (cf. Mt 25, 21).

"Meu Jesus, concedei-me a graça de poder ser também um desses bem-aventurados. Virgem Santíssima, ajudai-me e protegei-me na vida e na morte, especialmente quando me apresentar ao vosso divino Filho para ser julgado".

Quinta-feira: o inferno

1. O inferno é destinado pela justiça divina para punir com suplícios eternos os que morrem em pecado mortal. A primeira pena que os condenados sofrem no inferno é a pena dos sentidos, são atormentados por um fogo que queima horrivelmente, sem nunca diminuir de intensidade. Cada sentido sofre a própria pena; os olhos sofrem pela fumaça e pelas trevas e são aterrados pela vista dos demônios e dos outros condenados. Os ouvidos, dia e noite, só escutam contínuos uivos, prantos e blasfêmias. O olfato sofre enormemente pelo mau cheiro daquele enxofre e pez ardente que o sufoca. A boca é atormentada por sede duradora e fome canina. *Eles voltam pela tarde, latindo como um cão, e rondam pela cidade* (cf. Sl 59, 7).

O pecador rico no meio daqueles tormentos ergueu o olhar ao céu e pediu uma pequena gota de água para mitigar a secura de sua língua e até isso lhe foi negado. Por isso, aqueles infelizes, sedentos, devorados pelas chamas, atormentados pelo fogo, choram, gritam e se desesperam. Oh! inferno, inferno! Como são infelizes os que caem nos teus abismos! — E você que diz, meu filho? Se agora você não pode conservar um dedo sobre a pequena chama de uma vela, se não consegue aguentar nem uma fagulha de fogo na mão sem gritar, como poderá aguentar então entre aquelas chamas por toda a eternidade?

II. Considere, além disso, meu filho, o remorso que experimenta a consciência dos condenados. Eles padecerão um inferno na memória, na inteligência, na vontade. Recordarão continuamente o motivo da sua perdição. Esta lembrança é o verme que nunca morre. *Onde o verme não morre e onde o fogo não se extingue* (cf. Mc 9, 48).

Recordarão o tempo que Deus lhes concedeu para evitar a perdição, os bons exemplos dos companheiros, os propósitos feitos e não cumpridos. Pensarão nos sermões ouvidos, nos avisos do confessor, nas boas inspirações para deixar o pecado; vendo que já não há remédio, lançarão gritos desesperados. A vontade nada terá do que deseja e ao contrário padecerá todos os males. A inteligência conhecerá finalmente o grande bem que perdeu.

A alma separada do corpo, ao se apresentar no tribunal divino, vislumbra a beleza de Deus, conhece toda a sua bondade, chega quase a contemplar por um instante o esplendor do paraíso, ouve talvez também os cantos harmoniosos dos anjos e dos santos. Que dor perceber que perdeu tudo isso para sempre! Quem poderá resistir a tais tormentos?

III. Meu filho, você que agora não se importa em perder Deus e o paraíso, conhecerá a sua cegueira quando vir tantos companheiros, mais ignorantes e mais pobres do que você, triunfarem e gozarem no reino dos céus, ao passo que você será lançado para longe daquela pátria feliz, do gozo do mesmo Deus, da companhia da Santíssima Virgem e dos santos. Então, faça penitência; não espere quando não houver mais tempo: entregue-se a Deus. Quem sabe se não é este o último chamado e, se você não corresponde, quem sabe se Deus não o abandona e não o deixa cair naqueles eternos suplícios!

"Oh! meu Jesus, livrai-me do inferno".

Sexta-feira: a eternidade das penas

I. Considere, meu filho, que se você for para o inferno, será para sempre. Onde se sofrem todas as penas eternamente. Passarão cem anos desde que você caiu no inferno, passarão mil e o inferno estará ainda em seu começo; passarão cem mil, cem milhões, passarão bilhões de séculos e o inferno terá apenas iniciado.

Se um anjo levasse aos condenados a notícia de que Deus os libertaria do inferno depois de passados tantos milhões de séculos, essa notícia lhes causaria a maior satisfação. É verdade, diriam, que devem passar ainda tantos séculos, mas um dia hão de acabar. Pelo contrário, passarão todos esses séculos e todos os tempos que se possam imaginar e o inferno estará sempre no princípio. Todos os condenados fariam de boa vontade com Deus o seguinte pacto: "Senhor, aumentai este meu suplício; deixai-me nestes tormentos por quanto tempo quiserdes, contanto que me deis a esperança de que um dia isso acabe". Infelizmente esta esperança não existe, o fim dos tormentos nunca chegará.

II. Se ao menos o pobre condenado pudesse enganar a si mesmo e se iludir dizendo: "Quem sabe, um dia Deus terá piedade de mim e me arrancará desse abismo!". Mas sempre verá escrita diante de si a sentença de sua eternidade infeliz. Sempre verá, escrita naquelas chamas que queimam; naqueles demônios que o atormentam; naquelas portas eternamente fechadas. Oh! abismo sem fundo! Mar sem praias! Caverna sem saída!

Quem não tremerá ao pensar nisso? Maldito pecado! Nunca mais, nunca mais quero pecar durante a minha vida.

III. Mas o que deve encher de pavor é pensar que aquela horrível fornalha está sempre aberta debaixo de seus pés e que é suficiente um só pecado mortal para fazê-lo cair. Compreende bem, meu filho, o que está lendo? Uma pena eterna por um só pecado mortal que comete com tanta facilidade. Uma blasfêmia, uma profanação dos dias santos, um furto, um ódio, uma palavra, um ato, um pensamento obsceno basta para você ser condenado às penas do inferno.

Meu filho, escute o meu conselho: se a consciência o acusa de algum pecado, vá depressa se confessar para recomeçar uma vida boa. Coloque em prática todos os meios que lhe indicar o confessor. Se for necessário, faça uma confissão geral. Prometa que há de fugir das ocasiões perigosas, dos maus companheiros e se Deus indicar que você deve deixar o mundo, siga logo a sua voz. Tudo que se fizer para evitar uma eternidade de tormentos, é pouco, é nada: *Nulla nimia securitas, ubi periclitatur aeternitas* (São Bernardo).

Quantos na flor da idade abandonaram o mundo, a pátria, os parentes, e foram viver isolados nas cavernas, nos desertos, alimentando-se somente de pão e água e, às vezes, só de raízes, e tudo isso para evitar o inferno! E você, que faz, depois de tantas vezes que mereceu o inferno com o pecado? Que faz? Lance-se aos pés de Deus e diz: "Senhor, estou pronto a fazer o que vós quiserdes: nunca mais hei de pecar em minha vida; já por demais vos tenho ofendido; mandai-me todos os sofrimentos que quiserdes durante esta vida, contanto que possa salvar a minha alma".

Sábado: o paraíso

1. Se muito nos apavora o pensamento e a consideração do inferno, igualmente nos consola a lembrança do paraíso, preparado por Deus para todos os que o amam e o servem durante essa vida. Para que você possa fazer dele uma ideia, contemple uma noite serena. Como é belo ver o céu com aquele agrupamento e variedade de estrelas! Umas menores, outras maiores: enquanto umas despontam no horizonte, outras estão prestes a desaparecer; todas, porém, ordenadas segundo a vontade do seu Criador. Acrescente a isso a visão de um belo dia, de tal forma que o esplendor do sol não ofusque a claridade das estrelas e da lua. Suponha, além disso, ter à mão tudo o que de belo se pode encontrar no mar, na terra, nos povoados, nas cidades, nos castelos dos reis e dos monarcas do mundo inteiro. Junte a isso as bebidas mais delicadas, os alimentos

mais saborosos, a música mais doce, a harmonia mais suave. Pois bem: tudo isso junto não é nada em comparação à excelência dos bens e dos gozos do paraíso. Oh! como merece ser desejado e ardentemente amado aquele lugar onde se goza de todos os bens! O bem-aventurado não poderá deixar de exclamar: *Quanto a mim, com justiça eu verei tua face; ao despertar, eu me saciarei com tua imagem* (cf. Sl 17, 15).

II. Considere, além disso, o gozo que inundará a sua alma ao entrar no paraíso. O encontro, o acolhimento dos parentes e dos amigos; a nobreza, a beleza dos querubins, dos serafins, de todos os anjos e de todos os santos, que aos milhões e milhões louvam o Criador; o coro dos apóstolos, a multidão imensa dos mártires, dos confessores, das virgens. Há também um exército enorme de jovens que, por terem conservado a virtude da pureza, cantam a Deus um hino que ninguém mais pode entoar.

Oh! como são felizes neste reino os bem-aventurados! Sempre mergulhados na alegria, sem nenhuma doença, sem desgostos e preocupações que perturbem a sua paz e o seu gozo!

III. Medite, além disso, meu filho, que todos os bens até aqui enumerados são um nada em comparação do grande prazer que se experimenta da visão de Deus. Ele alegra os bem-aventurados com o seu olhar amável e derrama nos corações um mar de delícias. Da mesma forma que o sol ilumina e embeleza o mundo inteiro, assim Deus, com a sua presença, ilumina todo o paraíso e enche os seus afortunados habitantes de gozos inefáveis.

Nele você verá como em um espelho todas as coisas, gozará de todos os prazeres lícitos da mente e do coração. São Pedro, no Monte Tabor, por ter visto uma só vez o rosto de Jesus radiante de luz, ficou repleto de tanta doçura que exclamou fora de si: *Senhor, é bom estarmos aqui* (cf. Mt 17, 4).

Que prazer não será, pois, contemplar, não por um instante, mas para sempre, para sempre gozar desse rosto divino que fascina os anjos e os santos e que alegra todo o paraíso! E a beleza e afabilidade de Maria, de que prazer deve também encher o coração do bem-aventurado! *Quão amáveis são tuas moradas, Senhor dos exércitos!* (cf. Sl 84, 2). Por isso os coros dos anjos e dos bem-aventurados cantam a sua glória dizendo: *Santo, Santo, Santo é o Senhor Deus dos exércitos* (cf. Is 6, 3). A ele sejam dadas *honra e glória pelos séculos dos séculos* (cf. 1Tm 1, 17).

Coragem, pois, meu filho; neste mundo você terá que sofrer, mas não importa: o prêmio que receberá na eternidade compensará infinitamente todos os sofrimentos. Que consolação não será a sua, quando encontrar no céu na companhia dos parentes, dos amigos, dos santos, dos bem-aventurados e exclamar: *Estaremos para sempre com o Senhor* (cf. 1Ts 4, 17). Então será a hora que abençoará o momento em que abandonou o pecado, que fez aquela boa Confissão e sempre buscou os sacramentos; lembrará do dia em que deixou os maus companheiros e se entregou a uma vida virtuosa. E cheio de gratidão volverá para Deus e cantará seus louvores e sua glória por todos os séculos. Assim seja.

CAPÍTULO IV

Práticas de piedade cristã

O bom cristão, logo ao despertar, deve fazer o sinal da Cruz e oferecer o coração a Deus dizendo: "Jesus, Maria e José, eu vos ofereço meu coração e minha alma". Depois se vestir com toda a modéstia. São Luís Gonzaga não deixava nem os pés descobertos, porque considerava a pureza como um límpido espelho, que ao menor sopro fica logo embaçado. A seguir, fazer as orações habituais: persignar-se, Pai-Nosso, Ave-Maria, Glória, oferecimento do dia, Ato de contrição, Credo, Salve-Rainha e ao Anjo da Guarda.

Ao longo do dia, deve rezar o Santo Rosário e a oração a São José; fazer os atos de fé, esperança e caridade. À noite, antes de dormir finalizar com um exame de consciência e rezar três Ave-Marias pedindo a conservação da santa pureza.

Um importante conselho: sempre praticar uma oração antes e depois do trabalho, da meditação de um livro e de cada refeição.

Como assistir com fruto à Santa Missa

A Missa é o Sacrifício do Corpo e do Sangue de Nosso Senhor Jesus Cristo, que é oferecido a Deus nos altares sob as espécies do pão e do vinho consagrados. Trate de compreender bem, caro amigo, que assistindo à Santa Missa é como se você visse o divino Salvador, quando saiu de Jerusalém para levar a cruz ao Calvário, onde, no meio dos mais bárbaros tormentos, foi crucificado, derramando até a última gota de seu sangue. Esse mesmo sacrifício é renovado pelo Sacerdote quando celebra a Santa Missa, com a única diferença que o sacrifício do Calvário foi doloroso para Jesus e foi com derramamento de sangue, ao passo que o sacrifício da Missa é incruento.

Como não se pode imaginar coisa mais santa e mais preciosa do que o Corpo, o Sangue, a Alma e a Divindade de Jesus Cristo, assim, ao assistir à Missa, você deve estar convencido de que faz a ação mais santa e gloriosa aos olhos de Deus e benéfica para sua alma. Jesus Cristo vem em pessoa aplicar a cada um de nós em particular os merecimentos daquele sangue adorável, que derramou por nós no Calvário. Isso deve nos inspirar suma estima para com a Santa Missa e ao mesmo tempo um vivíssimo desejo de assistir bem a ela.

O triste fato de vermos tantas pessoas voluntariamente distraídas, sem modéstia, sem atenção, sem respeito, de pé, olhando para cá e para lá, faz-nos pensar que não assistem ao divino sacrifício como Nossa Senhora e São João, e, sim, como os judeus, crucificando outra vez Nosso Senhor, com grande escândalo para os companheiros e desonra para nossa fé!

Assista, pois, meu caro amigo, à Santa Missa com espírito de verdadeiro cristão, meditando a começar pela dolorosa Paixão que Jesus Cristo sofreu pela nossa salvação. Durante a Missa você deve estar com modéstia e recolhimento que nada possa perturbar. A mente, o coração, todos os pensamentos estejam unicamente ocupados em honrar Deus. Recomendo, faça grande empenho em assistir à Santa Missa todos os dias, até com algum sacrifício. Santo Isidoro, que servia nos trabalhos do campo, para ir à Missa se levantava de madrugada, para poder depois, no tempo marcado, estar pronto para fazer os trabalhos que o patrão lhe determinava. Desse modo, atraía sobre si toda as bênçãos de Deus e todo trabalho era bem executado. Lembre-se sempre de oferecer a Santa Missa em sufrágio pelas almas do purgatório.

Breves orações (em silêncio)

Antes da Santa Missa:

Meu Senhor e meu Deus, ofereço-vos este santo sacrifício para a vossa maior glória e para o bem da minha alma. Concedei-me a graça de que meu coração e a minha mente somente se ocupem de vós. Afastai da minha alma toda distração e preparai-me bem para assistir a esta Santa Missa com o maior recolhimento.

Ato penitencial:

Senhor, tende misericórdia desta minha pobre alma e das de todos aqueles por quem sou obrigado a rezar.

Oração da Coleta:

Recebei, ó Senhor, as orações que vos dirige este sacerdote em nosso nome. Concedei-me a graça de viver e morrer como cristão em unidade com a Santa Madre Igreja.

Ofertório:

Ofereço-vos, ó meu Deus, pelas mãos do sacerdote, o pão e o vinho que devem ser transubstanciados no Corpo e no Sangue de Jesus Cristo. Ofereço-vos também o meu coração e a minha vontade, para que possam sempre estar ao vosso serviço.

Elevação da Hóstia:

Humildemente prostrado, eu vos adoro, meu Senhor, e creio firmemente, que estais presente na Santíssima Eucaristia.

Elevação do cálice:

Eterno Pai, adoro o preciosíssimo sangue derramado pelo vosso divino Filho para a salvação da minha alma. Recebei-o pela minha salvação e pelas necessidades da Igreja.

Ação de graças após a Comunhão:

Agradeço-vos, meu Jesus, por terdes vos sacrificado por mim; fazei que eu sempre possa me sacrificar por vós.

O sacramento da Confissão

Um só pecado mortal, meu caro amigo, é suficiente para precipitar no inferno quem o cometeu, se antes da morte não obtiver de Deus o perdão. Por isso, nada há no mundo que nos deva preocupar mais do que alcançar esse perdão, quando se tem a desgraça de pecar mortalmente. Para prover a esta suprema necessidade, Jesus Cristo instituiu o sacramento da Penitência, pelo qual podemos obter o perdão dos pecados cometidos depois do Batismo.

Jesus disse aos apóstolos e esses aos sacerdotes, seus sucessores: *Como o Pai me enviou, também eu vos envio* (cf. Jo 20, 21). Isto é, concedo a vós a mesma autoridade que me foi dada por meu eterno Pai. Essas palavras, por certo, traziam também a faculdade de perdoar os pecados. Querendo, porém, falar especialmente da Confissão, disse aos apóstolos: *Aqueles a quem perdoardes os pecados ser-lhes-ão perdoados; aqueles aos quais retiverdes ser-lhes-ão retidos* (cf. Jo 20, 23).

Com essas palavras, Jesus Cristo deu aos sacerdotes a faculdade de absolver os pecados; tornando assim, para os cristãos, obrigatória a confissão das faltas cometidas.

Infelizmente muitos cristãos não sabem se aproveitar desse sacramento, que se torna motivo de temor, pois para muitos, em vez de ser um meio de salvação, torna-se motivo de condenação, porque o recebem indignamente. Para impedir que tal desgraça venha a acontecer com você, meu caro, forneço aqui uma breve instrução, peço muita atenção em todas as vezes que buscar o sacramento da Confissão.

Disposições necessárias para fazer uma boa Confissão

São estas as disposições necessárias para fazer uma boa Confissão: exame, dor, propósito, confissão e satisfação.

A dor ou arrependimento é aquele desgosto e ódio dos pecados cometidos que nos leva à intenção de não pecar mais. É de duas espécies esse arrependimento: perfeita (contrição) e imperfeita (atrição).

A contrição é o desgosto que se experimenta pelos pecados cometidos, porque são uma ofensa contra Deus, nosso Pai, infinitamente bom e digno de ser amado e são causa da paixão e morte de nosso Redentor Jesus Cristo, Filho de Deus. A contrição é a dor perfeita e nos obtém logo o perdão dos pecados, embora fique a obrigação de os confessar.

A atrição é o desgosto dos pecados cometidos, por causa do temor dos castigos eternos e temporais ou pela indignidade do pecado; a atrição não nos alcança o perdão, a não ser mediante o sacramento da confissão.

Sem arrependimento, Deus não concede a ninguém o perdão dos pecados. A dor deve ser interna, sobrenatural, suma e universal.

Deve ser interna; por isso não é suficiente recitar a fórmula do ato de contrição; é preciso ter no coração uma verdadeira dor, um verdadeiro desgosto de ter ofendido Deus.

Deve ser sobrenatural, isto é, estimulada em nós pela graça do Espírito Santo e concedida por motivos sugeridos pela fé. Assim, não é suficiente detestar o pecado porque nos causou alguma desgraça temporal, um castigo, uma doença, a perda de algum bem terreno; esses não são motivos suficientes para um ato de contrição capaz de nos alcançar o perdão dos pecados. É preciso, pelo contrário, arrepender-nos porque o pecado ofendeu gravemente Deus e nos tornou indignos do paraíso e merecedores do inferno.

Para estimular a dor é de muito proveito considerar que pelo pecado ofendemos Deus, nosso Senhor, a quem devemos obedecer; que Deus é infinitamente bom, é nosso Criador, nosso Pai, nosso Salvador e nos resgatou com seu sangue.

É conveniente pensar também nos castigos do pecado, na perda da graça de Deus e do paraíso, no inferno que merecemos, na fealdade da alma pecadora, no remorso da consciência. Com tais motivos devemos estimular no nosso coração uma verdadeira dor dos pecados cometidos, porque sem isso Deus não poderá nos perdoar.

A dor do pecado mortal deve também ser suma, isto é, o maior de todos os desgostos, porque o pecado mortal é o maior de todos os males, ofende Deus e causa gravíssimos danos a nós. Devemos nos afligir mais pela ofensa causada a Deus, do que por todos os males do mundo.

Contudo, não é necessário derramar verdadeiras lágrimas; é suficiente que nossa dor seja suma, pela consideração de termos ofendido a suma majestade e bondade de Deus, que deve ser estimado e amado acima de todas as coisas.

Deve ser universal, isto é, deve se estender a todos os pecados mortais cometidos. Se houvesse apenas um pecado do qual não tivéssemos arrependimento, Deus não perdoaria, porque basta um só pecado mortal para merecermos e atrairmos sobre nós a inimizade de Deus.

É preciso também que a dor esteja unida a um firme propósito, isto é, a promessa ou resolução de querer antes morrer do que recair em pecado mortal; sem isso não se obtém o perdão. Se faltar essa resolução, é prova evidente de que não há verdadeira dor; porque, se realmente estamos arrependidos de ter cometido um mal, devemos estar resolvidos a não o cometer jamais no futuro, por nenhum motivo.

Se essa resolução é firme, trataremos logo também de fugir das ocasiões que nos possam levar ao pecado mortal. Pois o fato de se colocar voluntariamente no perigo de pecar, já é por si um pecado. Um sinal evidente da verdadeira dor é quando à confissão segue uma mudança interna e externa; quando se satisfaz a justiça de Deus com a penitência e com outras boas obras; quando se reparam os prejuízos causados ao próximo e se põe imediato remédio aos escândalos cometidos.

A absolvição somente é válida quando o confessor, depois de ter ouvido toda a confissão, pronuncia as chamadas palavras sacramentais. Somente essas palavras conferem às almas bem dispostas a graça do sacramento da Penitência.

Finalmente, depois de tudo isso, é ainda necessária a satisfação, que consiste particularmente em fazer a penitência imposta pelo confessor.

Preparação para receber dignamente o sacramento da Confissão

Depois de ter meditado atentamente as sobreditas disposições gerais para fazer uma boa Confissão, poderemos facilmente passar à prática. Portanto, devemos nos preparar com alguma obra de piedade cristã, como por exemplo, uma visita ao Santíssimo Sacramento, um jejum ou pelo menos alguma mortificação, uma leitura espiritual. E antes da Confissão devemos nos colocar na presença de Deus e lhe pedir de coração que nos auxilie a fazer bem o exame, isto é, a fazer uma diligente indagação dos pecados cometidos depois da última Confissão.

Exame de consciência

Para fazer o exame convém discorrer os mandamentos da lei de Deus e da Igreja, aplicando a nós mesmos o que neles se proíbe ou se ordena. Estão, contudo, aqui algumas indicações sobre o exame prático.

Examine se blasfemou, pronunciou o nome de Deus em vão; nos domingos e dias santos faltou à Missa; desobedeceu a algum superior. Examine também sobre os deveres do próprio estado, se cometeu escândalo na igreja ou fora da igreja, algum ato impuro, conversas fúteis, qualquer dano ao próximo na pessoa ou na honra. Observe bem que podemos roubar também deixando de empregar o tempo naquilo por que somos pagos ou de alguma outra maneira recompensados. Se pronunciou, ouviu, fez, permitiu ou somente pensou advertidamente em coisas contrárias à honestidade.

Com relação ao exame, é preciso notar que não basta expor simplesmente os pecados; quando se trata de pecados mortais, devemos dizer também o número de vezes que os cometemos. Por exemplo, não basta dizer: fui calunioso; é preciso também dizer quantas vezes ocorreram; e dos maus pensamentos convém dizer se foram voluntários e quantas vezes foram consentidos.

Com relação ao pecado de escândalo, devemos nos examinar de modo muito particular, pensando se nossas palavras, nossas ações foram para os outros ocasião de pecado. Se nunca nos examinamos dessa forma antes, devemos com a maior solicitude o fazer agora; pedir a este respeito o conselho do confessor e, se ele julgar conveniente, refazer também as confissões passadas.

A Confissão

A Confissão sacramental é a acusação dos próprios pecados, feita pelo penitente a um confessor aprovado, para assim poder obter a absolvição.

Os sinais que devem ter essa acusação dos pecados são: a integridade, a humildade e a sinceridade.

Integridade: não se deve ocultar nenhum pecado mortal por vergonha. Omitindo voluntariamente um pecado mortal, ao invés de receber um sacramento que apaga os pecados, comete-se um sacrilégio.

Humildade: um sentimento de humilhação e de compunção é muito natural ao réu que se apresenta ao seu juiz, a quem no tribunal da penitência está em lugar de Deus na terra.

Sinceridade: manifeste os pecados com franqueza e sem desculpas. Evite a prolixidade, assim como o querer atribuir a outro a culpa das nossas faltas.

Convém lembrar aqui o grave dever que tem o sacerdote de guardar segredo sobre a confissão. Esta consideração deve nos animar a manifestar com grande confiança toda e qualquer culpa nossa ao confessor, que para nós é um pai que nos ama.

Terminada a acusação dos pecados, escute com grande atenção e respeito a penitência e os avisos que der o confessor, para emendar das culpas cometidas e preservar de novas quedas no futuro. Esforce-se em bem lembrar e pôr em prática tais avisos. Em seguida, renovando também a dor, diga o ato de contrição. Por fim, depois de receber a absolvição, com os olhos baixos se retire do confessionário para fazer a ação de graças.

Sacramento da Eucaristia: preparação para a Santa Comunhão

Na Missa, no momento em que o Sacerdote profere as palavras da consagração, o pão e o vinho se transubstanciam no Corpo e no Sangue de Nosso Senhor Jesus Cristo, de maneira que do pão e do vinho ficam apenas as espécies ou aparências. As palavras usadas pelo divino Salvador ao instituir o sacramento da Eucaristia são: *Isto é o meu corpo*; *isto é o meu sangue*; palavras que Jesus ordenou que fossem constantemente repetidas pelos sacerdotes em seu nome no santo Sacrifício da Missa. Portanto, no Santíssimo Sacramento exposto no altar ou oculto no tabernáculo, está Jesus Cristo realmente presente em

Corpo, Sangue, Alma e Divindade, a quem devemos adorar. E, quando comungamos, recebemos o mesmo Jesus Cristo como alimento espiritual da nossa alma.

A Hóstia Sagrada não é uma imagem ou figura dele, como seria, por exemplo, um crucifixo. É verdadeiramente o mesmo Jesus Cristo, o Filho de Deus, aquele mesmo que nasceu da Imaculada Virgem Maria, que, depois de morrer por nós sobre a Cruz, ressuscitou e subiu ao céu. Ele está na Santíssima Eucaristia vivo e glorioso.

Para fazer uma boa Comunhão é preciso ter a consciência limpa de qualquer pecado mortal. Quem tivesse um só que fosse, cometeria um sacrilégio e, como diz São Paulo, comeria e beberia o seu julgamento e a sua condenação, não distinguindo o Corpo do Senhor, do pão material. Além disso, é preciso respeitar o jejum eucarístico, a não ser que, por estar em perigo de morte, receba a Comunhão por Viático ou no caso de alguma doença grave.

Escute agora com que palavras Jesus nos convida à Santa Comunhão: *Se não comerdes a carne do Filho do Homem e não beberdes o seu sangue, não tereis a vida em vós. Quem come minha carne e bebe o meu sangue tem a vida eterna, e eu o ressuscitarei no último dia. Pois minha carne é verdadeiramente comida e o meu sangue é verda-*

deiramente bebida. Quem come a minha carne e bebe o meu sangue permanece em mim e eu nele (cf. Jo 6, 53–56).

Comunhão frequente

Tendo Jesus Cristo instituído o Sacramento da Eucaristia para o bem de nossas almas, deseja que nós o recebamos não só uma vez ou outra, mas com muita frequência. Eis as palavras com que ele nos convida: *Vinde a mim todos os que estais cansados sob o peso do vosso fardo e vos darei descanso* (cf. Mt 11, 28). Em outro lugar ele faz as maiores promessas a quem vai se alimentar de sua carne: *Eu sou o pão vivo descido do céu. Quem comer deste pão viverá para sempre* [...] *e eu o ressuscitarei no último dia* (cf. Jo 6, 51.54). Para corresponder ao convite do Divino Salvador, os cristãos dos tempos primitivos, todos os dias escutavam a palavra de Deus e recebiam a Sagrada Comunhão. Era nesse sacramento que os mártires achavam a sua fortaleza, as virgens o seu fervor, os santos a sua coragem.

Se quisermos atender o convite de Jesus e procurar o nosso bem, devemos comungar com muita frequência. Do mesmo modo que o maná serviu de alimento cotidiano aos hebreus durante todo o tempo que viveram no deserto, enquanto não foram introduzidos na Terra Prometida, assim também a Sagrada Comunhão deve ser o nosso alimento e conforto cotidiano nos perigos deste mundo, o nosso guia para a verdadeira terra da promissão, o paraíso. Diz Santo Agostinho: "Se todos os dias pedimos a Deus o pão material, porque não procuraremos nos alimentar todos os dias do pão espiritual com a Santa Comunhão?". São Felipe Néri animava os cristãos a se confessarem a cada oito dias e a comungarem mais vezes ainda, de acordo com o parecer do confessor.

A Santa Igreja manifesta o seu mais vivo desejo da comunhão frequente dos fiéis quando diz no Concílio de Trento: "Seria coisa sumamente desejável se cada cristão se conservasse em tal estado de consciência que pudesse comungar toda a vez que ouve a Santa Missa. E isto não somente com a comunhão espiritual, mas com a Comunhão sacramental, para que seja mais copioso o fruto que se recebe deste sacramento".

Dirá alguém: "Eu sou muito pecador". Respondo: "Se você é pecador, procure readquirir a graça de Deus com o sacramento da Confissão e depois se aproxime da Sagrada Comunhão e tirará grande proveito". Dirá outro: "Comungo raras vezes para ter mais fervor". Isto é um grande engano. As coisas que se fazem raras vezes, geralmente se fazem mal. Além disso, sendo frequentes as necessidades da nossa alma, deve ser também frequente o remédio. Outros ainda se desculpam dizendo: "Estou cheio de enfermidades espirituais e não me atrevo a comungar com frequência". A estes responde Jesus Cristo: *Os sãos não têm necessidade de médico e sim os doentes* (cf. Lc 5, 31). Assim, os que estão mais propensos a doenças espirituais, é necessário que sejam também visitados com mais frequência pelo verdadeiro médico das almas, que é Jesus Cristo.

Vindo Ele frequentemente a nós, dá-nos a graça de não cairmos em pecado grave e apaga nossos pecados veniais. Com efeito, percebe-se que têm mais defeitos as pessoas que só raras vezes se aproximam da Comunhão, do que as que a recebem com maior frequência. Ânimo, pois, se você quiser fazer a ação mais agradável a Deus e mais eficaz para vencer as tentações e perseverar no bem, receba com frequência e com boas disposições a Sagrada Comunhão.

CAPÍTULO V

Fundamentos da fé católica

O que significa religião?

É a virtude pela qual o homem presta a Deus a honra e o culto que somente a Ele são devidos, como supremo Senhor de todas as coisas.

Como se deve praticar a religião?

Acreditando em todas as verdades reveladas por Deus e observando sua lei; cumprindo fielmente os mandamentos de Deus e da Igreja fundada e estabelecida por Cristo.

Existem várias religiões no mundo, podem todas igualmente serem verdadeiras?

Evidentemente que não, porque a verdade é sempre uma só e não pode se achar em coisas opostas. Como as várias religiões ensinam coisas contrárias, conclui-se que uma só deve ser a verdadeira e, todas as demais hão de estar baseadas em crenças errôneas, de modo que quem as professa segue o erro e está fora do caminho da salvação. Assim como o branco não pode ser o preto, as trevas não podem ser luz; portanto, se uma crença está em oposição à outra, uma com certeza está no erro.

Existem os judeus, os muçulmanos, os cismáticos, os protestantes e a Igreja Católica Romana; em qual dessas sociedades podemos encontrar com certeza a religião verdadeira?

Antes da vinda de Jesus Cristo a verdadeira religião revelada, embora ainda não completa e perfeita, encontrava-se entre os hebreus. Depois da vinda de Jesus Cristo, a verdadeira religião somente pode ser a que foi ensinada por Ele, que com a sua vida, com os milagres e especialmente com a Ressurreição, demonstrou ser o verdadeiro Filho de Deus, mandado pelo Pai para salvar os homens e lhes ensinar a verdadeira religião completa e perfeita.

Todos aqueles que não reconhecem Jesus Cristo como Filho de Deus e não professam sua doutrina, não estão na verdadeira religião: tais são os atuais judeus e muçulmanos. Entre as várias sociedades que se professam cristãs e pretendem ter sido fundadas por Jesus Cristo, somente na

Igreja Católica Romana podemos encontrar a verdadeira religião.

Só nela se conserva em toda a sua integridade a revelação divina; somente ela foi fundada por Nosso Senhor Jesus Cristo, verdadeiro Deus e verdadeiro Homem, propagada pelos apóstolos e pelos seus sucessores até aos nossos dias; motivo por que só ela conserva os caracteres de divina.

Quais os caracteres pelos quais podemos com certeza conhecer a verdadeira Igreja de Jesus Cristo?

Os verdadeiros caracteres que nos fazem conhecer ao certo a divindade da Igreja de Jesus Cristo são quatro: Una, Santa, Católica e Apostólica.

A verdadeira Igreja deve ser Una, porque havendo um só Deus verdadeiro, uma só Fé e um só Batismo, não pode haver senão uma Igreja verdadeira. Jesus Cristo quis que a Igreja por Ele fundada estivesse reunida sob o governo de um só Chefe.

Santa, porque deve ser fundada e governada por Deus, fonte de toda a santidade, e ensinar a mensagem revelada, para levar os homens à santidade e à salvação eterna.

Católica ou universal, porque deve abarcar todos os homens; professar toda a doutrina de Jesus Cristo, conforme as palavras do mesmo divino

Salvador; espalhar-se por todo o mundo, abraçar os fiéis de todos os tempos e os lugares, permanecendo visível até à consumação dos séculos.

Apostólica, pois deve ensinar e crer em tudo o que foi deixado por meio dos apóstolos, mandados por Nosso Senhor Jesus Cristo a pregar o Evangelho a todas as criaturas; e deve crer que aqueles que atualmente a dirigem, são realmente os sucessores dos apóstolos.

A Igreja que apresenta esses quatro caracteres é sem dúvida alguma a Igreja de Jesus Cristo.

Qual é a Igreja que possui esses quatro caracteres divinos?

Só a Igreja Romana é que pode com certeza apresentar esses quatro caracteres de divina, porque só Ela é Una, porque todos os verdadeiros católicos, ainda que dispersos pelas várias partes do mundo, nas regiões mais apartadas e longínquas, professam uma mesma fé, uma mesma doutrina e respondem todos a um só Chefe, que é o Romano Pontífice, que como um Pai amável e universal, regula e governa toda a família católica.

É Santa, pela santidade de seu Chefe e Fundador, que é Nosso Senhor Jesus Cristo; são santas a fé e a lei que professa; são santos os sacramentos que aplica; em todos os tempos muitos santos a têm ilustrado com luminosos milagres; milhões e milhões de mártires, alentados e fortalecidos por Deus Nosso Senhor, derramaram o seu sangue em testemunho da divindade dessa mesma Igreja.

A Igreja Romana é Católica, isto é, universal, porque foi instituída e está aberta a todos os homens, estende-se a todos os lugares e a todos os tempos, abraça e professa toda a doutrina de Jesus Cristo. Ele ordenou que o seu Evangelho deveria ser pregado por todo o mundo; e vemos que a Igreja Romana em toda a terra tem filhos que, estreitamente unidos ao papa, professam a doutrina de Jesus Cristo, que foi e continua sendo pregada nas regiões mais remotas, de norte a sul e de leste a oeste da terra.

A Igreja Romana se estende a todos os tempos, porque em todos as épocas, ainda que no meio das mais sangrentas perseguições, foi sempre conhecida como sociedade visível dos fiéis reunidos na mesma fé, sob a direção de um mesmo Chefe, o Romano Pontífice, o qual, como pai de uma grande família, guiou no passado e guiará para o futuro todos os fiéis sinceros pelo caminho da verdade, até o fim dos tempos.

A Igreja Romana é Apostólica, porque crê e ensina tudo o que os apóstolos ensinaram e tem por chefes e pastores os sucessores dos apóstolos.

O Evangelho e o testemunho de vinte séculos mostram com evidência que Jesus Cristo estabeleceu São Pedro como Chefe da Igreja, e esse e os outros apóstolos propagaram por todo o mundo a doutrina do Evangelho.

A São Pedro sucederam outros papas, que governaram a Igreja sem interrupção até os nossos dias. Os apóstolos precederam os bispos, que em todas as épocas e lugares constituíram um só rebanho, reconhecendo só Jesus Cristo por Pastor Supremo e Cabeça invisível e os Pontífices de Roma por Supremo Pastor e Cabeça visível.

Sempre que alguém se atreveu a ensinar doutrinas contrárias aos ensinamentos da Igreja Romana, foram condenadas pelos papas e bispos, como opostas ao Evangelho. Essa prerrogativa da Igreja Romana é principalmente consoladora para nós, católicos. Somente na Igreja Católica se encontra a sucessão apostólica sem interrupção, do papa atual até São Pedro, Príncipe dos apóstolos, erigido como Chefe da Igreja pelo próprio Jesus Cristo.

Nas igrejas protestantes não existem esses caracteres divinos?

As igrejas heréticas não possuem os caracteres da verdadeira Igreja.[6]

6 Para aprofundamento do tema, recomendamos o documento lançado pela Congregação para a Doutrina da Fé: *Dominus Iesus* (sobre a unicidade e universalidade salvífica de Jesus Cristo e da Igreja), de agosto de 2000 — NT.

Não são unas, porque não possuem a mesma fé, nem a mesma doutrina, nem um mesmo Chefe. E até é difícil achar dois ministros de uma mesma seita herética que estejam de acordo nos pontos mais importantes da sua crença. Sendo dessa falta de unidade as contínuas divisões.

Não são santas, porque rejeitam no todo ou em parte os sete sacramentos, caminho para a santidade; professam muitas coisas contrárias ao Evangelho, em oposição mesmo com Deus. Entre todos os hereges, incrédulos e apóstatas, não se pode citar um único santo, nem sequer um milagre. Ao contrário, os principais autores das seitas se mancharam com a corrupção. Erasmo, apesar de ser favorável ao protestantismo, chegou a dizer que todos homens ilustres da Reforma "não puderam fazer um só milagre nem sequer curar um cavalo manco".

Não são universais, porque estão limitadas a algumas regiões e, nessas mesmas, variam de doutrina conforme cada época. Não são universais quanto ao tempo, porque possuem poucos anos de existência. Antes de Fócio não era conhecido o cisma grego; antes de Lutero e Calvino não existia o que denominamos protestantismo; antes de Pedro Valdo ninguém se referiu aos valdenses; antes de Henrique VIII nunca se havia falado de anglicanismo; em geral todas as heresias começaram a existir na época de seus fundadores; nenhuma remonta a Cristo.

Não são apostólicas, porque não professam o que os apóstolos ensinaram, rejeitando muitas das instruções. Nenhuma das sociedades heréticas pode remontar com seus membros até a era apostólica. Finalmente, não estão unidas ao Romano Pontífice, que é o sucessor de São Pedro, Chefe e Príncipe dos apóstolos.

Existe diferença entre a doutrina da Igreja Católica de hoje e a doutrina de Jesus Cristo pregada pelos apóstolos?

Não há diferença nenhuma. Os que podem ler, estudar e confrontar entre si essas doutrinas não poderão deixar de se convencer de que as verdades pregadas por Jesus Cristo e pelos apóstolos são as mesmas que em todos os tempos foram e ainda são pregadas na Igreja Católica Apostólica Romana.

Que proveito se tira desse fato?

Para nós, católicos, resultam consequências extremamente consoladoras. A Igreja Católica sempre condenou tudo o que é contra o Evangelho; logo que erros apareciam entre os cristãos;

defendeu e professou sempre a mesma doutrina; nenhum papa deixou reviver uma heresia condenada por seus antecessores, nem colocou em dúvida uma verdade proclamada antes dele.

Ora, a condenação constante dos erros e a proclamação das mesmas verdades feitas desde o Santo Padre atual até Jesus Cristo coloca-nos, por assim dizer, nas mãos o santo Evangelho puro e integro como o próprio Jesus Cristo ensinou e os apóstolos pregaram.

Fora da Igreja Católica Apostólica Romana existe salvação?

Quem por própria culpa está fora da Igreja Católica não pode se salvar; da mesma maneira que aqueles que não estiveram na arca de Noé, diz São Jerônimo, morreram no dilúvio; assim perece inevitavelmente e não pode alcançar salvação para sua alma quem se obstina em viver e morrer separado da Igreja Católica Apostólica Romana, única depositária e conservadora da verdadeira religião.

Qual é o maior erro dos judeus?

Esperando ainda pela vinda do Messias, não creem em Jesus Cristo e no seu santo Evangelho.

O que deve fazer os judeus para se salvarem?

Devem reconhecer Jesus Cristo como Messias, receber o santo Batismo e observar os mandamentos de Deus e da Igreja.

Quem foi o fundador dos muçulmanos?

Foi Maomé, que espalhou seus erros pelos princípios do século VII da era cristã. Sua religião é uma mistura do judaísmo, cristianismo e paganismo, com acréscimos, variações e fábulas que na prática destroem todo princípio moral.

Quem foi o autor do cisma grego?

Fócio, famoso patriarca de Constantinopla, que no século IX se revoltou contra o Romano Pontífice.

É verdade que os valdenses guardaram a verdadeira doutrina dos apóstolos?[7]

Antes de Pedro Valdo jamais se ouviu falar de tal doutrina. Depois dele, os seus seguidores a modificaram adotando os erros de Wycliffe e de João Huss. No século XVI degenerou em calvinismo.

7 Desejavam ser uma igreja dos "puros", onde não poderiam pertencer pecadores. Surgiu em 1173, com Pedro Valdo, um rico mercador de Lião, excomungado em 1184 pelo Papa Lúcio III — NT.

Quem são os chefes dos protestantes?

Os chefes dos protestantes são Lutero e Calvino, que viveram nos meados do século XVI; Lutero foi um frade agostiniano que saiu do convento e perpetrou gravíssimas desordens, entre as quais a de se casar com uma monja ligada pelos sagrados votos, estando ele também ligado pelos mesmos votos solenes e perpétuos; Calvino, um clérigo simoníaco.[8]

Esses homens — Maomé, Fócio, Pedro Valdo, Lutero e Calvino — deram alguma prova de serem mandados por Deus?

Pelo contrário, não fizeram nenhum milagre, nem neles se verificou profecia alguma. Propagaram erros e superstições por meio da violência e da libertinagem. A doutrina protestante fornece abertura a todos os vícios e abre caminho a todas as desordens. Portanto, podemos concluir que são enviados não por Deus, mas por Satanás, para pregar e difundir a impiedade e a confusão entre os homens.

Esses não pertencem à Igreja de Jesus Cristo ?

Como não têm por chefe Jesus Cristo, não podem pertencer à sua Igreja; como ensina São Je-

8 De acordo com o nome do mago Simão (cf. At 8, 18–20), passou a designar-se como simonia a compra ou venda de bens espirituais — NT.

rônimo, pertencem à sinagoga do Anticristo, isto é, a uma igreja oposta à de Jesus Cristo.

Quem é o Chefe da Igreja Católica?

O fundador da Igreja é Jesus Cristo, que depois de ter designado São Pedro para governar, assegurou: *Eis que eu estou convosco todos os dias, até a consumação dos séculos* (cf. Mt 28, 20).

Quem é o Chefe visível da Igreja Católica?

O Chefe visível da Igreja Católica é o Romano Pontífice, chamado geralmente de Vigário de Cristo ou carinhosamente de papa.

Quem constituiu o Romano Pontífice como Chefe da Igreja?

Jesus Cristo constituiu São Pedro como Chefe e fundamento da Igreja por estas palavras: *Eu te digo que tu és Pedro, e sobre esta pedra edificarei minha Igreja, e as portas do inferno nunca prevalecerão contra ela* (cf. Mt 16, 18).

Qual é o papel de São Pedro na Igreja?

São Pedro na Igreja faz o mesmo que fazem os alicerces num edifício. A parte de um edifício que não se apoia sobre esses alicerces, não poderá se sustentar e ruirá com certeza. Da mesma maneira, toda crença, toda autoridade, toda igreja, que não reconheça a autoridade de Pedro nem lhe professe obediência, já não pertence à Igreja de Jesus Cristo, porque não está alicerçada no verdadeiro fundamento, o qual, diz São Paulo, é aquela grande coluna sobre a qual se apoia toda a verdade. *Todavia, se eu tardar, saberás como proceder na casa de Deus, que é a Igreja do Deus vivo: coluna e sustentáculo da verdade* (cf. 1Tm 3, 15).

Que autoridade deu o Salvador a São Pedro?

Jesus Cristo deu a São Pedro uma autoridade absoluta, que se costuma chamar "primado de honra e de jurisdição", em força da qual ele pode ordenar e proibir tudo o que julgar conveniente para o nosso bem espiritual e eterno.

Como Jesus Cristo conferiu a autoridade ao Chefe da Igreja?

Dizendo: *Eu te darei as chaves do Reino dos céus e o que ligares na terra será ligado nos céus, e o que desligares na terra será desligado nos céus* (cf. Mt 16, 19).

Que significam as palavras "primado de honra e de jurisdição do Romano Pontífice"?

Significam que o Romano Pontífice tem na Igreja um poder absoluto sobre todos os cristãos: leigos, religiosos, sacerdotes e bispos. Todos devem se submeter às suas ordens, para poder pertencer à Igreja de Jesus Cristo, que, no dizer de São Jerônimo, é a única arca de salvação.

Os reis e os governantes da terra estão sujeitos ao Romano Pontífice?

Em matéria de fé e moral, todos têm de se submeter ao Romano Pontífice, se desejam pertencer à verdadeira Igreja e salvar a alma.

Os católicos entenderam sempre assim essa doutrina?

Os católicos de todos os tempos, alicerçados nessas palavras de Jesus Cristo, tiveram como verdade de fé que São Pedro foi instituído seu Vigário na terra e Chefe supremo visível da Igreja, que recebeu a plenitude da autoridade sobre todos os fiéis. Evidente que esta autoridade deve durar enquanto existir a Igreja, isto é, até à consumação dos séculos; pois os alicerces devem durar tanto quanto o edifício que se sustenta sobre eles; consequentemente, depois de Pedro essa autoridade passou para os seus sucessores.

O que significa infalibilidade papal?

O papa, quando se pronuncia *ex-cathedra* em matéria de fé, de costumes e de governo da Igreja, é infalível.[9]

Onde se encontra a doutrina da infalibilidade pontifícia?

Eu, porém, orei por ti, a fim de que tua fé não desfaleça. Quando, porém, te converteres, confirma teus irmãos.

Nessas palavras do Salvador devemos notar especialmente três coisas: o Senhor rogou de maneira especial por São Pedro, para que a sua fé não desfalecesse; e assim como ninguém ousará pôr em dúvida que a oração do Salvador obtém sempre o seu efeito, podemos crer que nunca faltará a assistência divina.

Pedro está encarregado de confirmar na fé não só os simples cristãos, mas também os apóstolos e bispos sucessores.

9 *Ex-cathedra*: quando o papa, no exercício de suas funções como pastor e mestre, pronuncia uma doutrina vinculativa a toda a Igreja. Tais definições são inalteráveis em si mesmas, não dependendo da concordância da Igreja como um todo — NT.

Quando Pedro, na pessoa do papa, proclama uma sentença em matéria de costumes, é nossa obrigação acreditar como verdade revelada por Deus, mesmo que tal definição não tenha sido aprovada por algum concílio.

Os católicos aceitam essa verdade?

Todos os verdadeiros católicos, em todos os tempos, sempre creram na infalibilidade do Sucessor de São Pedro, do Vigário de Jesus Cristo. Os Romanos Pontífices exerceram sempre essa autoridade suprema nas controvérsias religiosas e todos os verdadeiros católicos acolheram sempre respeitosamente essas declarações, como verdades indiscutíveis, como se fossem proclamadas pelo próprio Salvador. Mas a infalibilidade nunca foi definida nem proclamada como verdade de fé antes do Concílio Vaticano I.[10]

Se todos os fiéis acreditavam já na infalibilidade do Romano Pontífice, que necessidade havia de a definir?

Foi necessário porque alguns hereges tentaram impugná-la, e a falta de uma definição expressa deixava dúvidas em alguns católicos. Por isso,

10 O Concílio Vaticano I foi o 20º concílio ecumênico da história da Igreja, realizado de 1869 a 1870, sendo presidido por Sua Santidade, o Papa Pio IX — NT.

como a Igreja definiu a divindade de Jesus Cristo no Concílio de Niceia; como o Concílio Tridentino definiu tantas outras verdades, que eram comumente aceitas na Igreja e Lutero as havia negado; assim, o Concílio Vaticano I definiu a infalibilidade pontifícia para preservar os fiéis contra os que duvidavam ou abertamente a negavam.

Em que termos é definido esse dogma?

Essa definição foi proclamada e aprovada no Concílio Vaticano I no dia 18 de julho de 1870 por mais de setecentos bispos, presididos pelo próprio Santo Padre, com estas palavras: "Nós definimos que o Pontífice Romano, quando fala *ex cathedra*, ou seja, cumprindo cargo de Pastor e Mestre de todos os cristãos, pela sua suprema autoridade apostólica define alguma doutrina acerca da fé e dos costumes, que toda a Igreja deve observar e guardar, em razão da assistência divina que lhe foi prometida na pessoa do Bem-aventurado Pedro, goza da mesma infalibilidade, da qual o divino Redentor quis dotar a sua Igreja ao definir as doutrinas relativas à fé e aos costumes. Portanto, estas definições do Sumo Pontífice Romano são, por si mesmas e não por consenso da Igreja, irreformáveis. E se alguém ousar contradizer esta nossa definição, seja excomungado".

Esta infalibilidade se estende a todas as ações epalavras do Romano Pontífice?

Não, somente na qualidade de papa e Chefe da Igreja, quando define coisas que dizem respeito à fé e aos costumes.

O papa pode criar dogmas novos?

O papa e a Igreja não podem criar novos dogmas; somente declaram que aquela verdade foi realmente revelada por Deus e que estava contida na Escritura e na Tradição. Por exemplo: a Igreja acreditou sempre que Nossa Senhora foi concebida sem pecado original, mas isso nunca fora definido como verdade de fé. Finalmente, em 8 de dezembro de 1854, o Santo Padre Pio IX definiu que tal crença se baseava na Sagrada Escritura e na Tradição, portanto, devia ser acreditada e tida como verdade de fé. Desaparecendo, assim, qualquer discussão teológica.

Qual benefício traz aos católicos a definição da infalibilidade papal?

As principais são: forneceu um novo esplendor à venerável pessoa do Romano Pontífice, por consequência para toda a família cristã, pois é natural que a honra do pai se reflita nos filhos.

Coloca os fiéis na certeza de que, crendo e fazendo o que o papa propõe, nunca poderão errar nas coisas necessárias à sua eterna salvação.

Possuindo o papa como Juiz e Mestre infalível, desaparece qualquer perigo de discórdia e de controvérsia religiosa. Mesmo os hereges devem se sentir como que atraídos e estimulados a reentrar no seio da Igreja Católica, onde encontram aquela verdade de fé. Porque entre os hereges, como lhes falta uma autoridade suprema infalível e como cada um pode crer o que bem lhe parecer e aprouver, tudo é dúvida e incerteza desoladora, mesmo nas coisas mais essenciais para a salvação eterna.

Dizem que alguns papas caíram em erro.

São calúnias inventadas ou que se referem a atos que não se relacionam com a fé da Igreja. Todos os que estudaram imparcialmente a história eclesiástica concordam em que essas asserções são falsas.

Que erro cometeria quem negasse a infalibilidade papal?

Depois da definição do Concílio Vaticano I, cometeria grave desobediência à Igreja e persistindo no erro se tornaria um herege, deixando de pertencer à Igreja de Jesus Cristo. *Se nem mesmo à Igreja der ouvido, trata-o como gentio ou como o publicano* (cf. Mt 18, 17).

Os protestantes dizem: nós acreditamos em Jesus Cristo e no Evangelho, por isso estamos dentro da verdadeira Igreja.

Não é verdade, porque não acreditam em tudo aquilo que Jesus Cristo ensina no Evangelho e rejeitam muitas verdades pregadas pelos santos apóstolos. Como não possuem um chefe, permite-se uma livre interpretação do Evangelho, trazendo enorme confusão sobre as verdades da fé, abrindo largo caminho ao erro. Por isso são como ramos cortados da árvore, como membros de um corpo sem cabeça, como ovelhas sem pastor, como discípulos sem mestre, separados da fonte da vida, que é Jesus Cristo.

Algum protestante pode se salvar?

Somente aqueles que morrem antes de atingir o uso da razão, contanto que tenham sido validamente batizados.

Podem se salvar os que estão com reta intenção, isto é, firmemente convencidos de que estão na verdade. Esses no coração são católicos, porque se conhecessem bem a religião católica com certeza a abraçariam.

Que devem fazer os protestantes para se salvar?

Devem renunciar aos seus erros, entrar na Santa Igreja Católica Apostólica Romana e estar em unidade com o Vigário de Cristo. Quem se obstina em viver separado, perecerá para sempre.

O que pensam os protestantes acerca da nossa religião católica?[11]

Reconhecem que têm havido grandes santos, que operaram grandes milagres e que, vivendo de acordo com os preceitos da Igreja Católica, podem se salvar.[12]

O que os católicos dizem a respeito das seitas protestantes?

Seguindo a doutrina infalível da Santa Igreja, dizemos que os protestantes, se não voltarem à Igreja Católica, não poderão se salvar.

Os protestantes ao dizerem que na Igreja Católica pode haver salvação é forçoso concluir que

11 O autor se refere às igrejas tradicionalmente protestantes (luteranos, calvinistas, anglicanos, metodista, etc.) — NT.

12 Pelo contrário, as seitas neopentecostais consideram a Igreja Católica como a única que não leva à salvação. No entanto, definir qual a doutrina das muitas seitas neopentecostais não é uma tarefa fácil, pois a cada dia surgem novas seitas, cada qual com sua própria interpretação, mostrando a clara necessidade de se ter um chefe supremo que sirva de referência, ou seja, o Romano Pontífice — NT.

reconhecem, de certo modo, que os católicos, estando no reto caminho da salvação, estão igualmente com a verdade. E, se ponderarmos que a Igreja Católica se proclama infalível e única depositária da verdadeira religião de Jesus Cristo, segue-se também que os protestantes, reconhecendo implicitamente a verdade da doutrina católica, reconhecem a falsidade da sua crença. Pelo menos qualquer homem prudente deve concluir que é mais segura a doutrina católica que a protestante.[13]

Não haverá nenhum exemplo a esse respeito?

Existem muitos. Henrique IV, rei de França, ao subir ao trono era chefe da seita calvinista; mas Deus o iluminou, fazendo-lhe conhecer a verdadeira religião. Primeiro procurou se instruir bem nos dogmas do catolicismo; em seguida fez vir à sua presença os ministros protestantes e lhes perguntou se julgavam que ele pudesse se salvar na Igreja Romana. Depois de séria reflexão, disseram que sim. Então o rei replicou com notável sensatez: "Por que é então que vós a abandonastes? Os católicos afirmam que ninguém pode obter salvação dentro da vossa seita; a razão pede

13 Melâncton, discípulo de Lutero, no leito de morte dizia: "Para viver é melhor ser protestante, mas para morrer é melhor ser católico" — NT.

que eu siga pelo caminho mais seguro e prefiro aquela religião em que por opinião geral posso salvar-me".

A seguir o rei renunciou a heresia e retornou ao seio da verdadeira religião.

Qual é a singularidade da Igreja Católica em suas relações com as sociedades heréticas?

Embora tenha sido perseguida em todos os tempos pelos hebreus, gentios, hereges e maus católicos, alcançou de todos os assaltos completa vitória, conservando-se pura e inalterável, como Deus a fundara. Os inimigos da nossa fé se esforçaram por apresentar alguns fatos, deturpando-os, como seria a guerra contra os albigenses e a matança no dia de São Bartolomeu, para provar que a Igreja Católica chegou por vezes a mover perseguições. Mas esses adversários propagam a mentira, porque esses fatos nunca a Igreja os ordenou ou aprovou.

Não se conhece ninguém que, em perfeito juízo, na hora da morte abandonasse a Igreja Católica para abraçar qualquer outra crença. Pelo contrário, a história está repleta de homens que na hora da morte renunciaram a heresia para morrer em comunhão com a Santa Igreja Romana, assim assegurando a salvação.

Nunca alguém abandonou o catolicismo, a não ser para buscar o próprio prazer. Sabemos pela história que todos que abandonaram foi para poder levar uma vida mais livre e desordenada, prova evidente de que não eram levados a isso pelo conhecimento da verdade, e sim pelo desejo de abraçar uma crença mais favorável às paixões humanas.

O que os católicos devem fazer?

Nós, católicos, devemos agradecer a Deus por nos haver criado na única religião que pode levar ao porto da salvação.

Suplicar, de todo o coração, a Nosso Senhor que nos mantenha na sua graça e fiéis em seu santo serviço; intercedendo por todos que vivem separados da verdadeira Igreja, para que sejam iluminados e voltem ao redil do bom Pastor.

Quais cuidados deve ter o católico atualmente?

Creio que não será enganado em matéria de religião, se puserem em prática os seguintes avisos: fugir da companhia dos que falam de coisas desonestas ou procuram escarnecer do papa, dos bispos e dos outros ministros da nossa santa religião.

Caso seja necessário, em virtude do estudo, do emprego ou de parentesco, contato com pessoas desse tipo, evite assuntos ligados à religião; e, se esses forem inoportunos, responda: "Quando estou doente, procuro um médico; se preciso de remédios, o farmacêutico. Em matéria de religião, busco o auxílio de um sacerdote".[14]

Tenha muito discernimento com as leituras e os meios de comunicação. Se porventura alguém oferecer livros ou jornais que atacam a Igreja e os valores morais, rejeite como se fosse veneno.

O que devemos fazer quando somos ridicularizados pela nossa fé?

Responda que com as coisas de Deus não se brinca e que devem ter respeito. Lembre-se da sentença que Nosso Senhor proferiu contra os que por respeitos humanos se calaram: *Quem se envergonha de mim e de minhas palavras, o Filho do Homem dele se envergonhará, quando vier em sua glória e na do Pai e dos santos anjos* (cf. Lc 9, 26).

Dizem que estamos em tempos de liberdade e que por isso cada um pode viver como quiser.

A liberdade que defendem não é a que vem de Deus, e sim a dos homens; e como estamos em

14 Esse é um conselho que é dado para que se evite discussões sobre religião em ambientes não apropriados, no entanto, faz-se necessário, em nossos dias, que os católicos possuam boa formação doutrinal para poder levar a verdade àqueles que estão no erro — NT.

tempos de liberdade, deixem-nos livres para que possamos professar e praticar nossa fé.

A Igreja de Jesus Cristo não desfalecerá com tantas perseguições?

Por certo que não. Quanto mais for perseguida, tanto maiores serão seus triunfos, porque a Igreja foi fundada por Jesus Cristo sobre uma pedra contra a qual nada poderão todos os esforços do inferno.

A história mostra que no passado alguns soberanos, abusando do seu poder, despojaram o papa, exilaram e encarceraram bispos e cardeais. Mas a mão de Deus pesou sobre os opressores; o seu poderio se foi desvanecendo, seus exércitos foram destruídos e todos terminaram na ignomínia. Enquanto os Romanos Pontífices, serenadas as intrigas políticas, puderam voltar a Roma, cheios de glória, para entrar de novo na posse do seu trono e exercer sobre o mundo a plenitude do seu poder.

O catolicismo, quando desprezado em certas nações, o é por permissão de Deus; no entanto, é sempre levado a outras partes e quem sempre perde com isso é a humanidade. E nós vemos que todos os perseguidores da Igreja nas épocas passadas já não existem, ao passo que a Igreja permanece triunfante; o mesmo acontecerá com os que atualmente a perseguem: dentro de pouco tempo não existirão mais, enquanto a Igreja de Nosso Senhor Jesus Cristo será sempre a mesma, porque Deus empenhou sua palavra, assegurando que a protegerá e estará sempre com ela até o fim do mundo, assim unindo a Igreja militante com a Igreja Triunfante,[15] formando de todos os bons um só reino na pátria dos bem-aventurados no céu. Assim seja.

15 Igreja Militante somos nós, os que vivemos atualmente no mundo buscando o Reino dos céus; Igreja Padecente são as almas que são purificadas no purgatório; e Igreja Triunfante são os que já atingiram a glória dos céus — NT.

Aquele, porém, que perseverar
até o fim, esse será salvo.

— Mt 10, 22

Para maior glória de Deus e a santificação das almas,
este livro foi impresso por Gráfica Guadalupe,
com miolo em papel avena 80g/m²
e capa em papel triplex 250g/m².